# 调查研究八讲

李清泉　著

人民出版社

# 目　录

# 序 言

　　调查研究是中国共产党的传家宝，是做好工作的基本功。调查研究是谋事之基、成事之道，没有调查就没有发言权，没有调查就没有决策权；正确的决策离不开调查研究，正确的贯彻落实同样也离不开调查研究。我们党创立以来，毛泽东、邓小平、江泽民、胡锦涛、习近平等党和国家领导人发表了关于调查研究的一系列重要论述，开展了许多卓有成效的调查研究实践。一百多年来的实践充分证明，我们党什么时候坚持调查研究，党的理论、路线、方针、政策就会符合实际，党的事业必然蓬勃发展；什么时候忽视调查研究，党的理论、路线、方针、政策就会脱离实际，党的事业必然遭到重挫。可以说，调查研究在中国革命、建设、改革和复兴不同的历史时期都起到了至关重要的作用。在新时代新征程上，党中央号召全党大兴调查研究，对于以进一步全面深化改革推进中国式现代化，实现中华民族伟大复兴，具有重大的时代意义和深远的历史影响。

　　1990 年 7 月，我从华中师范大学硕士毕业，有幸选调到中共中央办公厅调研室工作。在这里工作十二年，我有机会参加了若干重大课题的调查研究，既参加过中央有关决定制定这样事关全局的战略性调研，又参加过推动落实中央有关重大会议精神的督查式调研；既参加过总结先进经验典型案例的解剖式调研，又参加过破解复杂难题的对策性调研；既调查过省部级、地厅级、县处级领导机关，又调查过农村、社区、企业、医院、学校、新经济组织、新社会组织等基层单位；既调研过经济社会发展较快的东部地区，又调研过经济社会发展相对较慢的中西部地区。调查研究报告有在《人民日报》等报刊发表的，更多的是呈送有关领导参阅。后来在香港、在深圳工作，也做过一些调查研究。比如，在深圳市直机关工委工作时，组织力量开展工委系统党员干部思想状况的调查研究，通过内网问卷调查、召开专题座谈会等形式，进一步了解市直机关工委系统党员干部所思所想，提出有关建议，送市委领导决策参考。

2019 年，在中央党校（国家行政学院）校（院）委领导下，我参加《中国共产党党校（行政学院）工作条例》制定工作。2024 年参加该《条例》修订工作。为了制定、落实和修订该《条例》，我多次参加赴地方党校（行政学院）和有关培训机构的调查研究。

我工作的大部分时间是与调查研究联系在一起的，我是喜欢调查研究工作的。这些年，我认真回顾总结自己参加调查研究的实践经历，准备了"提高调查研究能力"这门课程，到各级各类党校、党政机关、国有企业讲课，反响是好的。我在"提高调查研究能力"讲稿基础上，充实资料汇集成书《调查研究八讲》：认清重大意义、明确总体要求、确定调研内容和方案、开展深入调研、创新调研方法、坚持党性要求、写作调研报告、衡量调研标准。这八讲实际上包含调查研究从认识、实践到衡量标准的内在逻辑，力图有思想高度和可操作性，希望接受广大读者检阅。

由衷感谢人民出版社领导和曹春编辑的充分信赖和大力支持！

2024 年 11 月

# 第一讲　认清重大意义

习近平总书记高度重视调查研究工作。他指出："调查研究，是对客观实际情况的调查了解和分析研究，目的是把事情的真相和全貌调查清楚，把问题的本质和规律把握准确，把解决问题的思路和对策研究透彻。"[①]

习近平总书记强调："马克思主义的辩证唯物主义、历史唯物主义世界观和方法论，党的实事求是的思想路线，党的从群众中来、到群众中去的根本工作路线，都要求我们的领导工作和领导干部必须始终坚持和不断加强调查研究。只有这样，才能真正做到一切从实际出发、理论联系实际、实事求是，真正保持党同人民群众的密切联系，也才能从根本上保证党的路线方针政策和各项决策的正确制定与贯彻执行，保证我们在工作中尽可能防止和减少失误，即使发生了失误也能够迅速得到纠正而又继续胜利前进。"[②]

调查研究是中国共产党的传家宝，也是做好各项工作的基本功。调查研究对新民主主义革命的胜利、社会主义革命和建设道路的探索、改革开放新时期的伟大革命的开启，都起到了至关重要的作用。习近平总书记在不同场合，讲到毛泽东、周恩来、刘少奇、朱德、邓小平、陈云、江泽民、胡锦涛等党和国家领导人重视调查研究，深入调查研究的典型事例，

① 《习近平党校十九讲》，中央党校出版社 2014 年编印，第 287 页。
② 《习近平党校十九讲》，中央党校出版社 2014 年编印，第 283—284 页。

强调了调查研究的重大历史意义和时代意义。

现在，我们简要概括马克思主义诞生以来重视调查研究的理论和实践，重点介绍中国共产党创立一百多年来，毛泽东、邓小平、江泽民、胡锦涛和习近平等中央领导发表的关于重视调查研究一系列重要论述，开展的有关调查研究生动实践，从中可以看出调查研究在党和国家治理体系和治理能力中处于重要的地位，在革命、建设、改革、复兴的不同历史时期起到了至关重要的作用。新时代新征程上全党大兴调查研究，是新形势新任务提出的必然要求，具有重大的理论意义和实践意义。

调查研究，作为人类有目的的认识世界的活动，古已有之。在古代，"调"有计算之意。"查"有查考之意。调查，就是通过对事物的计算和考察来认识客观事物的现象。"研"有探讨之意。"究"有推求之意。研究，就是通过对调查得来的感性材料进行加工，穷究事理，来认识事物的本质。

我国历史上，一些名人名著对调查研究留下了无数名言警句。如，孔子的"每事问"，《吕氏春秋》中关于不能人云亦云、黑白不分的"察传"思想，王安石"农夫女工无所不问"的观点，王夫之"察之精而尽其变"的论述等。还有诸如兼听则明，偏信则暗；知己知彼，百战不殆；集众思，广众益；遇事虚怀观一是，与人和气察群言等。这些都从不同角度强调了调查研究的必要性和重要性。①

调查研究随着社会的进步而不断发展。伴随近代大工业的发展和资产阶级的兴起，为了从多变的市场活动中掌握发展的基本趋势，社会调查作为一门技术，很快得到推广、普及，并趋于制度化。工人阶级一登上政治舞台，调查研究就作为工人阶级及其政党认识世界和改造世界的根本方法

---

① 参见《怎样搞好调查研究》，中国言实出版社 2020 年版，第 20 页。

和锐利武器。

1941 年 5 月，毛泽东在《改造我们的学习》一文中谈到研究现状时指出："马克思、恩格斯、列宁、斯大林教导我们认真地研究情况，从客观的真实的情况出发，而不是从主观的愿望出发；我们的许多同志却直接违反这一真理。"①

马克思主义具有强大的真理力量。马克思主义理论的创立和发展，同马克思和恩格斯长期深入调查研究活动是分不开的。

1842 年，青年马克思在《莱茵报》工作期间，开展广泛的社会调查，写出《关于林木盗窃法的辩论》等调查报告，猛烈抨击了普鲁士政府，为农民利益辩护。

马克思不但参加了革命的实际运动，而且进行了革命的理论创造。他从资本主义最单纯的因素——商品开始，周密地研究了资本主义社会的经济结构，创立了科学的理论。他研究自然，研究历史，研究无产阶级革命，形成了辩证唯物主义、历史唯物主义和无产阶级革命理论。毛泽东指出："马克思在实际斗争中进行了详细的调查研究，概括了各种东西，得到的结论又拿到实际斗争中去加以证明，这样的工作就叫做理论工作。"②1842 年至 1844 年，青年恩格斯在英国曼彻斯特市生活时，"把自己的空闲时间几乎都用来和普通的工人交往"，深入工人居住区调查，掌握了大量的第一手材料，写出了著名的《英国工人阶级状况》一书，揭示了工人力量及其伟大历史使命。

列宁能够领导无产阶级革命首先从世界帝国主义最薄弱的环节突破，与列宁在十分注意调查研究也是分不开的。十月革命胜利后，列宁更加重视调查研究。他说："当前的首要任务之一，是进行一系列的社会调查研

---

① 《毛泽东选集》第三卷，人民出版社 1991 年版，第 797 页。
② 《毛泽东选集》第三卷，人民出版社 1991 年版，第 817 页。

究"①。为解决新生的苏维埃政权面临的复杂问题，列宁经常深入到工厂、农村作调查，并且亲自接待来访者，听取他们的意见，从中汲取治国的智慧。《论粮食税》等新经济政策，就是列宁调查研究后制定的政策。可以说，世界上第一个无产阶级专政的社会主义国家的诞生，是同列宁的调查研究分不开的。

## 共产党人从斗争中创造新局面的思想路线

毛泽东是我们党调查研究优良传统的主要创立者、践行者和倡导者。毛泽东在青年时期，受到湖湘文化经世致用优秀传统的影响，湖南长沙岳麓书院"实事求是"的匾额给他留下了深刻印象。在湖南第一师范求学期间，他注重社会调查，倡导不仅要读"有字之书"，还要读"无字之书"。

1917 年暑期，毛泽东、萧子升两人不带一分钱，历时一个多月，行走 900 多里路，漫游长沙、宁乡等五县，广泛接触社会各阶层的人，了解风土民情，写下许多笔记。同学们读过毛泽东的游学笔记后，称赞他"身无分文，心忧天下"。

1918 年春天，毛泽东和蔡和森沿洞庭湖南岸和东岸，经湘阴、岳阳、平江、浏阳几县，游历了半个多月。"他日后养成的调查研究作风，从这里已可看出些端倪。"② 青年毛泽东是主张出国留学的，主张吸收西方知识。1918 年 8 月，毛泽东第一次走出湖南到北京，组织湖南青年赴法勤工俭学。1919 年 3 月，毛泽东专程到上海送别了蔡和森、萧子升等湖南赴法青年。

---

① 《列宁全集》第二十七卷，人民出版社 1959 年版，第 378 页。
② 《毛泽东传》(一)，中央文献出版社 2013 年版，第 24 页。

毛泽东具有世界眼光，又脚踏实地。他认为，改造中国，不仅要了解世界，更要研究中国。1920年3月14日，毛泽东致周世钊的信是这样讲的，"吾人如果要在现今的世界稍为尽一点力，当然脱不开'中国'这个地盘。关于这地盘内的情形，似不可不加以实地的调查，及研究。这层工夫，如果留在出洋回来的时候做，因人事及生活的关系，恐怕有些困难。不如在现在做了。"①毛泽东坚持把深入调查及研究中国实际国情放在更加重要的位置，确有其不同流俗之处，"这也许是他以后能把马克思主义中国化的一个重要契机"②。毛泽东对中国实际国情的调查和研究，在他成为马克思主义者后，随着实践的发展不断有新的认识。他在《关于农村调查》中说："记得我在一九二〇年，第一次看了考茨基著的《阶级斗争》，陈望道翻译的《共产党宣言》，和一个英国人作的《社会主义史》，我才知道人类自有史以来就有阶级斗争，阶级斗争是社会发展的原动力，初步地得到认识问题的方法论。可是这些书上，并没有中国的湖南、湖北，也没有中国的蒋介石和陈独秀。我只取了它四个字：'阶级斗争'，老老实实地来开始研究实际的阶级斗争。"③

中国共产党从1921年宣告正式成立之日起，就把马克思主义作为指导思想。马克思主义是在欧洲诞生的，欧洲是资产阶级工业革命的发源地。马克思主义创始人在创立这个理论的时候，他们的视角和解剖的对象是西欧发达的资本主义国家。

中国共产党是在列宁领导的共产国际指导下诞生的世界新型政党。列宁领导的俄国十月革命，也是在世界工业革命相对比较早的地方。党的第二次全国代表大会通过了《中国共产党加入第三国际决议案》，中国共产

---

① 《毛泽东年谱（一八九三——一九四九）（修订本）》上卷，中央文献出版社2013年版，第54页。

② 《毛泽东传》（一），中央文献出版社2013年版，第48页。

③ 《毛泽东文集》第二卷，人民出版社1993年版，第378—379页。

党正式为共产国际之中国支部。中国共产党作为共产国际的一个支部，接受共产国际的领导。

那时，无论是英国、法国、德国等西欧国家，还是俄国，都是资本主义国家，工人人数占人口比重比较多的国家，那里的农民正被世界潮流视为最落后的人群。巴黎公社和十月革命都是发生在城市。

年幼的中国共产党一度将马克思主义和共产国际的指示教条化，将俄国革命经验神圣化，简单套用马克思列宁主义关于无产阶级革命的一般原理和照搬俄国十月革命城市武装起义的经验，没有充分考虑中国具体国情和中国革命实际，没有认识到中国革命力量、革命方式、革命道路的特殊性，因而使中国革命遭受了严重挫折。

中国共产党开始重点也是做工人运动。早期共产党员许多都到上海、北京、长沙等地工人中去做群众工作，办工人夜校、工人俱乐部、工会，开展工人罢工运动，争取工人合法权益，得到工人信任，体现出共产党的组织力量和工人阶级寻求解放的强烈愿望。后来，几乎所有规模较大的工人斗争都遭到反动军警血腥镇压。血的教训告诉共产党人，要推翻帝国主义和反动军阀在中国的残酷统治，仅靠工人阶级的力量是远远不够的。

毛泽东对中国各阶级的研究同党的其他领导人一样，也是从研究工人阶级开始的。1921年10月，毛泽东任中国劳动组合书记部湖南分部主任。那时，他主要精力也是放在调查研究工人阶级、领导工人运动上，农民问题并没有引起他的高度重视。1923年恽代英曾写信给毛泽东说，我们也可以学习陶行知到乡村去搞一搞。毛泽东认为，现在城市工作还忙不过来，哪里顾得上农村呢。1938年3月21日，他在延安抗日军政大学演讲中说："十五年前，恽代英主张去做平民教育工作，我没有去。"①

----

① 《毛泽东传（1893—1949）》，中央文献出版社2004年版，第113页。

毛泽东是农民的儿子，从小在农村长大，对农民自然是熟悉的。随着革命事业的发展，毛泽东越来越认识到农民问题在中国革命中所处的重要地位。1923年6月，党的三大重点讨论与孙中山领导的国民党合作的问题。参加这次会议的张国焘回忆说，毛泽东在会上提出一个新问题——农民运动，是"这个农家子弟对于中共极大的贡献"。毛泽东向大会提出："湖南工人数量很少，国民党和共产党员更少，可是漫山遍野都是农民，因而他得出结论：任何革命，农民问题都是最重要的。他还证以中国历代的造反和革命，每次都是以农民暴动为主力。中国国民党在广东有基础，无非是有些农民组成的军队，如果中共也注重农民运动，把农民发动起来，也不难形成像广东这类的局面。"①毛泽东的话可以说石破天惊，这是中国共产党党内第一次在工人运动之外触及农民问题，让以知识分子为主要成分的中国共产党领导层耳目一新，这与他们熟知的苏联革命经验不同，一时间引起了大家的深思。

毛泽东真正意义上的农村调查研究，还是从1924年12月开始的。那时，他离开上海回到家乡韶山养病。在家乡的半年多时间里，他一边养病一边利用串门、走亲访友等形式进行社会调查，了解农民生产、生活和社会情况。他对农民进行思想启蒙教育，办夜校，组织农民协会，在农村中创建第一个党的基层组织——中共韶山支部。他后来回忆："以前我没有充分认识到农民中间的阶级斗争的程度"，这次回韶山后，才体会到"湖南农民变得非常富有战斗性"，于是，我"发动了一个把农村组织起来的运动。"②

毛泽东把这次社会调查写成了《中国佃民生活举例》一文。1927年3月，这篇调查作为中央农民运动讲习所丛书之一正式出版。这是目前保存

---

①　张国焘：《我的回忆》第1册，现代史料编刊社1980年版，第294页。

②　埃德加·斯诺：《红星照耀中国》，董乐山译，人民文学出版社2016年版，第151页。

下来的毛泽东最早的一篇调查材料。毛泽东在这篇调查中得出的结论是：
"中国之佃农比牛还苦，因牛每年尚有休息，人则全无。然事实上佃农不
能个个这样终年无一天休息地做苦工，稍一躲懒，亏折跟来了。这就是中
国佃农比世界上无论何国之佃农为苦，而许多佃农被挤离开土地变为兵匪
游民之真正原因。"①

那时，中国共产党内存在两种错误倾向：第一种倾向，以党的主要
领导人陈独秀为代表，只注意同国民党合作，忘记了农民，这是右倾机
会主义；第二种倾向，以张国焘为代表，只注意工人运动，同样忘记了
农民，这是"左"倾机会主义。这两种倾向的共同特征是：忘记了农民。
1925 年 12 月 1 日，毛泽东为了反对这两种错误倾向，写出《中国社会各
阶级的分析》，从马克思主义观点出发，通过对中国社会各阶级经济地位
和基本立场的分析，得出中国无产阶级最广大和最忠实的同盟军是农民。
毛泽东在此文开篇第一句就写道："谁是我们的敌人？谁是我们的朋友？
这个问题是革命的首要问题。"② 在逐一分析了中国社会各阶级的经济地
位和政治态度后，毛泽东指出："一切勾结帝国主义的军阀、官僚、买
办阶级、大地主阶级以及附属于他们的一部分反动知识界，是我们的敌
人。""一切半无产阶级、小资产阶级，是我们最接近的朋友。"③ 1926 年 1
月，国民党第二次代表大会通过了农民运动决议案，毛泽东为农民运动
委员会委员。3 月 16 日，毛泽东任国民党中央农民部主办的第六届广州
农民运动讲习所所长。毛泽东亲自讲授"中国农民问题""农村教育"等
课程。毛泽东还以来自各地的学员为对象，做了许多关于农民问题的调
查研究工作。对于农民讲习所学员的调查研究，毛泽东给予了充分肯定，
并且希望"在不久的时期内从各地的实际工作实际考察中引出一个详细

---

① 《毛泽东农村调查文集》，人民出版社 1982 年版，第 33 页。
② 《毛泽东选集》第一卷，人民出版社 1991 年版，第 3 页。
③ 《毛泽东选集》第一卷，人民出版社 1991 年版，第 9 页。

的具体的全国的调查来。"①

毛泽东指出："国民革命的目标，是要解决工农商学兵的各阶级问题；设不能解决农民问题，则各阶级问题也无由解决。""可以说中国国民革命是农民革命"，"故土地问题为本党中心问题"。②毛泽东经过长期的调查研究，终于自觉地认清了这个关键问题，把自己的主要精力投入这方面工作中。这为他以后能够创造性地提出"农村包围城市，武装夺取政权"这条符合中国实际情况革命道路奠定了初步的基础。

在中国共产党内，毛泽东不是最早从事农民运动的，但他那时对农民问题的认识深度已走在前列。后来，周恩来曾评价说："从这个运动中，能看到革命的发展是走向农民的革命战争，能看到革命发展这个全局的，在我们党内的代表是毛泽东同志。他接办农民运动讲习所，进行农民土地问题的调查研究，出了二十几种小册子，历届讲习所的学生后来分散到湖南、湖北和其他各地，发动了广大的农民运动。"③

1926年11月，中共中央决定成立中央农民运动委员会，毛泽东为书记，负责领导全国的农民运动。那时，随着北伐战争的胜利，湘、鄂、赣三省出现了农村大革命的高潮。蓬勃发展的农民革命斗争，引起了同地主豪绅有千丝万缕联系的国民党右派，包括北伐军中的一些军官的恐慌。他们攻击农民运动"破坏了社会秩序"，"扰乱了北伐的后方"，是"痞子运动""惰民运动"，叫嚷农民运动"糟得很"。

这场农民运动的争论，也反映到党内。这年的12月13日至18日，中共中央在汉口召开了特别会议。当时以陈独秀为首的右倾机会主义者，不敢支持已经起来和正在起来的伟大的农民革命斗争。为了迁就国民党，他们宁愿抛弃农民这个最主要的同盟军，使工人阶级和共产党处于孤立

---

① 《毛泽东文集》第一卷，人民出版社1993年版，第40页。
② 《毛泽东传》（一），中央文献出版社2013年版，第118页。
③ 《周恩来选集》上卷，人民出版社1980年版，第117页。

无援的地位。陈独秀在会上说湖南工农运动"过火""幼稚""动摇北伐军心""妨碍统一战线"等。毛泽东本来对陈独秀非常敬重，如今在中国社会阶级关系和农民运动等重大问题上，他们分歧越来越大。毛泽东在会上讲了不同意陈独秀的看法，但还拿不出充足的理由去反对。"当面对复杂的问题需要作出决断时，毛泽东历来主张应该从调查研究入手，把事实先切实地弄清楚"。① 为此，1927 年初，毛泽东在湖南做了 32 天的考察工作，行走了 700 多公里，实地考察了湖南农民运动情况。3 月，一篇伟大的马克思主义文献《湖南农民运动考察报告》由此而诞生，两万多字。这个报告肯定了湖南农民运动所做的 14 件大事，对农民运动作了很高的评价，认为农民运动"好得很"，"贫农乃革命先锋"。"孙中山先生致力国民革命凡四十年，所要做而没有做到的事，农民在几月内做到了，这是四十年乃至几千年未曾成就过的奇勋。"② 报告还提出，贫农有很高的革命热情，应解决贫农的土地问题和资本问题，在农村中大力发展党的组织，以应付急剧发展的革命形势。要"推翻地主武装，建立农民武装。"③

3 月 5 日，这个报告在中共湖南区委机关刊物《战士》周刊最先刊登。3 月 12 日，中共中央机关报《向导》周刊开始刊载。4 月，汉口长江书店以《湖南农民革命（一）》为书名，瞿秋白作序出版单行本。5 月和 6 月《共产国际》的俄文版和英文版先后转载了这个报告。

《湖南农民运动考察报告》不仅包含丰富的农民运动思想，使毛泽东认识到组织农民参加革命的极端重要性，而且特别强调了调查研究的重大意义。毛泽东指出："在乡下，在县城，召集有经验的农民和农运工作同志开调查会，仔细听他们的报告，所得材料不少。许多农民运动的道理，和在汉口、长沙从绅士阶级那里听得的道理，完全相反。许多奇事，则见

---

① 《毛泽东传》（一），中央文献出版社 2013 年版，第 124—125 页。
② 《毛泽东选集》第一卷，人民出版社 1991 年版，第 15—16 页。
③ 《毛泽东选集》第一卷，人民出版社 1991 年版，第 28 页。

所未见，闻所未闻。"①《湖南农民运动考察报告》发表一个月后，蒋介石发动"四一二"反革命政变。汪精卫在武汉发动"七一五"反革命政变，轰轰烈烈的大革命遭到失败。1927 年 8 月 17 日，中共中央在武汉举行紧急会议，确定实行土地革命和武装反抗国民党反动派的总方针。实践证明，毛泽东早在《中国社会各阶级的分析》和《湖南农民运动考察报告》中提出的许多观点是富有远见的，是符合中国革命实际情况的。

中国土地问题是千年难题，"耕者有其田"在传统中国喊了两千多年。历史上农民要求土地的革命绵延不绝，但农民战争即使改变了朝代，也没有改变农民的命运。那时，"占农村人口不到 10% 的地主，占有 60%—70% 的土地；而占农村人口 70% 的贫农连同雇农，却没有或只占有少量土地"②。如何对待这个千年难题，是共产党和国民党的一个主要分歧。共产党要消灭封建土地关系，国民党则要保护这种关系。所以，毛泽东说："两党的争论，就其社会性质说来，实质上是在农村关系的问题上。"③

1936 年，毛泽东对美国记者埃德加·斯诺说："谁赢得农民，谁就会赢得中国。谁解决土地问题，谁就会赢得农民。"④

土地革命是农村土地的重新分配和农村经济社会关系的重新调整，它使农村各阶级、阶层的经济政治地位发生了深刻变化。要搞好土地革命，关键是要制定正确的土地政策；而要制定正确的土地政策，关键是要划分好农村的阶级和阶层。毛泽东为了划分好农村的阶级和阶层，在农村进行了一系列调查研究。

---

① 《毛泽东选集》第一卷，人民出版社 1991 年版，第 12 页。
② 中共中央党史研究室：《中国共产党的九十年》，中共党史出版社 2016 年版，第 5 页。
③ 《毛泽东选集》第三卷，人民出版社 1991 年版，第 1077 页。
④ 〔美〕洛易斯·惠勒·斯诺：《斯诺眼中的中国》，王恩光等译，中国学术出版社 1982 年版，第 47 页。

毛泽东"从秋收起义到井冈山斗争，再到开辟赣南和闽西革命根据地，不管局势怎样险恶，他从不放松对周围环境的现状和来源进行周密的调查研究，努力按照不断变化着的实际情况来决定行动方针，并且十分注意通过实践的检验来修正或充实原有的想法。这是他所以能够不断提出创见并取得成功的重要原因"①。

在井冈山，毛泽东在工农革命军占领宁冈、永新后，在这里进行过详细的社会调查，并写下了《宁冈调查》和《永新调查》两篇调查报告。通过对这两地的调查，毛泽东发现，湘赣边界地区土地占有情况极不合理，要发动农民起来革命，就必须解决这个问题。1928年夏，井冈山边界各县掀起了轰轰烈烈的分田高潮。在这个基础上，同年12月，毛泽东主持制定了《井冈山土地法》。

《井冈山土地法》规定：没收一切土地归苏维埃所有，将土地分配给农民个别耕种或共同耕种，亦可由苏维埃政府组织模范农场耕种；一切土地经苏维埃政府没收后禁止买卖；分配土地，主要以人口为标准，男女老幼平均分配；一般以乡为单位进行分配，遇到特殊情况时得以几个乡或区为单位。这"是中国共产党领导农民在几个县的范围内实行土地改革的第一次尝试，在此以前是没有这种经验的。这个初次制定的土地法还存在一些缺陷：一是没收一切土地而不是只没收地主的土地，容易侵犯中农的利益；二是土地所有权属于政府而不属于农民，农民只有使用权，禁止土地买卖"②。在赣南，1929年4月，毛泽东率红四军第三纵队抵达兴国县城，在这里"调查兴国的政治、经济情况，翻阅县志并向群众了解兴国的历史及现状"③。在调查研究的基础上，毛泽东主持制定了《兴国土地法》。这

---

① 《毛泽东传》（一），中央文献出版社2013年版，第218页。

② 《毛泽东传》（一），中央文献出版社2013年版，第189—190页。

③ 《毛泽东年谱（一八九三——一九四九）（修订本）》上卷，中央文献出版社2013年版，第271页。

个土地法与《井冈山土地法》相比，把"没收一切土地"改为"没收公共土地及地主阶级土地"。这是一个原则性改变，可以集中力量打击地主阶级，消灭封建土地关系，深得广大农民拥护。

在闽西，1929 年 7 月，毛泽东在福建上杭，指导出席中共闽西第一次代表大会的代表们，对闽西的政治、党务、土地、物价、洋货侵入、工农业破产等各种问题，进行详细的调查。在毛泽东的指导和帮助下，这次会议制定并通过了《土地问题决议案》，主要内容有：区别对待地主和富农，只没收富农多余的土地，不过分"打击富农"，"集中攻击目标于地主"；分配土地实行"抽多补少"的原则；对在乡地主家属"酌量分与田地"，给以生活出路。在总结闽西土地斗争经验基础上规定的土地政策，同井冈山《土地法》和兴国《土地法》相比较有新的发展。①

随着赣南、闽西苏区的发展壮大，党内和红军中的"左"的思想与做法开始滋长，提出进攻中心城市，反富农路线的斗争。1930 年 4 月 10 日，红四军攻占信丰县城，人民群众热烈拥护红军。然而，由于受"左"倾思想影响，将在农村没收豪绅地主财产的政策照搬到城市，没收城市中小商人的财产，一度造成商店关门、商人停市，引发城市恐慌，影响了城市商业、手工业的发展和城市繁荣，引起了市民的不满，给群众生产生活造成了不利影响。

毛泽东从中看到城乡情况的不同，为了深入了解中国社会的富农问题和小城市的商业问题，解决好党在土地革命时期的路线问题，制定正确的城市工商业政策，1930 年 5 月，利用在寻乌停留一个月的时间，在中共寻乌县委书记古柏协助下，连续开了十多天座谈会，进行了深入社会调查。毛泽东写成了一篇共 5 章 39 节、八万多字的《寻乌调查》。这个调

---

① 参见《毛泽东年谱（一八九三——一九四九）（修订本）》上卷，中央文献出版社 2013 年版，第 280—281 页。

查，对寻乌县的地理位置、历史沿革、行政区划、自然风貌、水陆交通、土地产品、商业往来、商品种类、货物流向、税收制度、人口成分、土地关系、阶级状况、剥削方式、土地斗争，进行了全面系统而详细的考察分析。不仅调查了农村，还调查了城镇，尤其调查了城镇的商业和手工业状况及其历史发展的过程和特点。这是毛泽东在土地革命战争时期规模最大的一次社会调查，也是第一次把调查的重点放在了城市。

正是因为寻乌调查，毛泽东"才弄清了富农与地主的问题，提出解决富农问题的办法，不仅要抽多补少，而且要抽肥补瘦，这样才能使富农、中农、贫农、雇农都过活下去。假若对地主一点土地也不分，叫他们去喝西北风，对富农也只给一些坏田，使他们半饥半饱，逼得富农造反，贫农、雇农一定陷于孤立。当时有人骂我是富农路线，我看在当时只有我这办法是正确的"①。同样因为寻乌调查，毛泽东找到了正确对待城市工商业者的办法，既解决了红军的筹款问题，又团结了工商业者，维护了城市的繁荣和居民的正常生活。

可以说，寻乌调查对党的正确土地革命路线的形成起到了重要作用，为日后制定《苏维埃土地法》提供了重要依据。他后来说，"作了寻乌调查，才弄清了富农与地主的问题，提出解决富农问题的办法"②。毛泽东格外重视《寻乌调查》，他后来说："关于中国的富农问题我还没有全般了解的时候，同时我对于商业状况是完全的门外汉，因此下大力来做这个调查。"③"我们从前的调查还有一个极大的缺点，就是偏于农村而不注意城市，以致许多同志对城市贫民和商业资产阶级这二者的策略始终模糊。斗争的发展使我们离开山头跑向平地了，我们的身子早已下山了，但是我们的思想依然还在山上。我们要了解农村，也要了解城市，否则将不能适

① 《毛泽东农村调查文集》，人民出版社 1982 年版，第 22 页。
② 《毛泽东文集》第二卷，人民出版社 1993 年版，第 379 页。
③ 《毛泽东文集》第二卷，人民出版社 1993 年版，第 118 页。

应革命斗争的需要。"①毛泽东通过寻乌调查，更加深刻地感受到调查研究对于了解客观实际，制定正确的路线、政策和策略指导革命的极端重要性。他深刻总结多年来调查研究活动的经验体会，并将这些经验体会上升到共产党人世界观和方法论的高度来认识，写了《调查工作》一文。这篇文章提出"没有调查，没有发言权"的著名口号，倡导到社会群众中去召开调查会，指明"一切结论产生于调查情况的末尾，而不是它的先头"，"调查研究就是解决问题"；阐明开展调查研究"终极目的是要明了各种阶级的相互关系，得到正确的阶级估量，接着定出正确的斗争策略"；树立"共产党人从斗争中创造新局面的思想路线"，"离开实际调查就要产生唯心的阶级估量和唯心的工作指导"；提倡马克思主义理论必须同中国的实际情况相结合，指出"我们的斗争需要马克思主义"，"我们需要'本本'，但是一定要纠正脱离实际情况的本本主义"，提出"中国革命斗争的胜利要靠中国同志了解中国情况"的科学论断；认为无产阶级要取得胜利，就要靠共产党的斗争策略的正确和坚决，而共产党的正确而不动摇的斗争策略，"决不是少数人坐在房子里能够产生的，它是要在群众的斗争过程中才能产生的，这就是说要在实际经验中才能产生。因此，我们需要时时了解社会情况，时时进行实际调查"。②

后来，毛泽东又相继搞了兴国调查、吉水东塘等地方的村乡调查、关于赣西南土地分配调查、关于江西吉安调查、吉水木中村调查、兴国长冈乡调查、上杭才溪乡调查等。毛泽东后来说："贫农与雇农的问题，是在兴国调查之后才弄清楚的。"

土地革命战争时期，毛泽东是党内领导干部中开展农村调查活动最多、形成成果最显著的。他的这些调查研究活动，使他对中国农村各种阶

---

① 《毛泽东选集》第一卷，人民出版社 1991 年版，第 114—115 页。

② 参见《毛泽东选集》第一卷，人民出版社 1991 年版，第 109—118 页。

级关系，对农村各阶级的经济地位和政治态度，对党的有关土地政策的制定和贯彻执行情况，有了透彻的了解，为我们党制定了一条依靠贫农雇农、团结中农、限制富农、保护中小工商业者、消灭地主阶级的土地革命路线，正确地解决了新民主主义革命时期党在农村反封建斗争中依靠谁、团结谁、打倒谁的根本问题。

土地革命的深入开展，使农村革命根据地的面貌发生了根本变化。被压迫的贫苦农民在政治上翻身，成为土地的主人；农民生产积极性高涨，农业生产的发展，农民生活得到改善；政治、经济上的翻身，使广大农民迅速分清了共产党和国民党两个政党和两个政权的优劣，极大地激发了他们的革命积极性。他们拥护共产党，纷纷参加红军，加入以农民为主体的工农革命军队，支持革命战争，保卫和建设工农革命政权和农村根据地。当年，根据地农民把最后一口粮当军粮、最后一块布做军装、最后一个儿子送战场，形成鱼水相依、血肉相连的党群关系、军民关系。可以说，大革命失败后，在艰难的环境下，中国革命得以坚持和发展，主要是因为中国共产党在各革命根据地深入调查研究，搞土地革命，服务人民，依靠人民。

土地革命战争时期，在毛泽东带领下，红四军形成了调查研究制度。1929 年 9 月 1 日，陈毅写了一份关于朱毛红军历史及现状的报告，汇报了红四军各部通常所进行的工作，第一项就是"调查工作"。报告说："游击部队达到某地以后，第一步必须做调查工作，由军官及党代表负责必须经过调查工作以后，才能开会决定该地工作"[1]，因为红军所到之处，都不明情形，若不调查则一切决定一定不能切合群众需要。调查内容包括群众斗争状况、反动派情况、当地经济情况、各阶级阶层土地分配情况，也包

---

[1] 《建党以来重要文献选编（一九二一——一九四九）》第六册，中央文献出版社 2011年版，第 459 页。

括情形观察、交通河流之测量。毛泽东曾经说，有一次组织打仗没有办法，他和彭德怀出去一起观察地形、调查研究后就有信心了。

1929 年 12 月，中共红四军第九次代表大会通过的毛泽东起草的《中国共产党红军第四军第九次代表大会决议案》指出："唯心观点在红军党员中是非常浓厚的，其结果对政治分析，对工作指导，对党的组织，都有非常大的妨碍。"《决议案》进一步指出，纠正这种唯心观点的唯一方法，就要"教育党员用马克思主义的方法去作政治的分析和阶级势力的估量，以代替主观主义的分析和估量"，并且"使党员注意社会经济的调查和研究，由此决定斗争的策略和工作的方法，使同志们知道离开了实际情况的调查，就要堕入空想和盲动的深坑"。①

1931 年 4 月，中央革命军事委员会总政治部向各级政治部、各级政府发出的由毛泽东起草的《总政治部关于调查人口和土地状况的通知》。该《通知》规定红军政治部每到一处，都要填好人口和土地两种调查表格，地方政府要逐乡去填写，"尤望红军中和政府中每个负责人随时随地做此种调查和统计。"②《通知》在强调"不做调查没有发言权"的同时，进一步指出："不做正确的调查同样没有发言权。"这是毛泽东调查研究思想的深入发展。

毛泽东那时深入调查研究，认真总结土地革命战争初步经验，同时把中国的国情与西方资本主义国家的国情进行比较，把中国共产党领导的人民军队与封建军阀进行比较，始终思考中国革命的前途和命运问题，写出了《中国的红色政权为什么能够存在？》《井冈山的斗争》《关于纠正党内的错误思想》《星星之火，可以燎原》等著作，科学地回答了实践中遇到的军事斗争、土地革命、党的建设、政权建设等问题，创造性地阐明了在

---

① 《中共中央文件选集》第 5 册，中共中央党校出版社 1990 年版，第 807—808 页。
② 《毛泽东农村调查文集》，人民出版社 1982 年版，第 12 页。

17

一个半殖民地半封建的社会，在一个有着几千年封建传统的农村人口占绝大多数的大国，武装斗争、建立政权和土地革命的工农武装割据理论，初步提出了"农村包围城市，武装夺取全国政权"的正确道路。中国革命走的是一条不同于俄国十月革命的道路，这是世界各国从来都没有走过的道路，完全是一条崭新的道路。可以说，搞好调查研究是马克思主义基本原理同中国革命实际相结合的必要条件，没有调查研究，就不可能有两者的结合。

抗日战争时期，中国共产党领导的八路军、新四军深入华北、华中敌后，建立抗日根据地。建立和巩固抗日根据地，离不开对当地地理环境、社会历史、阶级关系、风土人情和敌友我各方力量等情况的了解。抗战时期的调查研究，与毛泽东在二三十年代的调查研究不同之处在于，那时毛泽东在党内还不是处于主要领导地位，调查研究的成果没有得到充分重视和合理运用；这时随着毛泽东在党内军事领导地位、政治领导地位逐步确立，我们党对调查研究工作重要性的认识达到了新高度，调查研究的实践取得新进步，调查研究成果的运用效果明显。

遵义会议和党的六届六中全会，分别纠正了王明在土地革命战争后期的"左"倾错误和抗日战争初期的右倾错误，但由于没有来得及对党的历史经验进行系统的总结，特别是没有从思想路线的高度对党内历次错误的根源进行深刻总结，所以，党内在指导思想上仍然存在一些分歧。这些分歧，从根本上说，就是一切从实际出发，按具体情况办事，还是主观主义地凭"想当然"或照着某些"本本"办事。

中国共产党的队伍日益壮大也要求加强党内思想教育。到1941年初，已经发展到80万名党员的大党，其中百分之九十以上是抗战以后入党的新党员。他们没有经历过大革命与土地革命，对照搬共产国际指示和苏联经验给革命带来的危害没有切身感受，对教条主义本质认识不深刻。毛泽东认为，这些干部，"如不提高一步，就不能掌握将来的新的局面"①。

1941 年 1 月，新四军军部及所属皖南部队主力遭国民党顽固派伏击和围攻，损失惨重。毛泽东痛心地指出，事件根本的原因是，"有同志没有把普遍真理的马列主义与中国革命的具体实际联系起来"，"没有了解中国革命的实际，没有了解经过十年反共的蒋介石"。② 为了引起全党重视，毛泽东要求把反对教条主义的问题提到党性高度来认识。

毛泽东为了改变党内理论脱离实际的状况，"痛感有周密研究中国事情和国际事情的必要"，为"帮助同志们找一个研究问题的方法"，经过慎重考虑，在 1941 年 3 月，决定出版主要由他在 1930 年至 1933 年间所作农村调查汇集成的《农村调查》一书。毛泽东在书中从认识世界、了解中国都是不容易的，从事物是运动的、变化着的、进步着的高度，强调调查工作的重要性、长期性。他说："今天需要我们调查，将来我们的儿子、孙子，也要作调查，然后，才能不断地认识新的事物，获得新的知识。"③毛泽东专门为这本书写了序言和跋，又代党中央起草了《关于调查研究的决定》。这个序言和《决定》，后来都被列为延安整风必读文件，使全党同志在整风中逐步掌握了"没有调查就没有发言权"的真理，懂得了开展调查研究的基本方法，使大兴调查研究在全党蔚然成风，这对于进一步转变党的作风、加强党的建设、加速中国革命的胜利，起到了重要的作用。

这些农村调查报告写于土地革命战争时期，此时出版用意何在？毛泽东说："不是要同志们去记那些具体材料及其结论"，而"在于指出一个如何了解下层情况的方法"。而且还说："'没有调查就没有发言权'，这句话，虽然曾经被人讥为'狭隘经验论'的，我却至今不悔；不但不悔，我

---

① 《毛泽东年谱（一八九三——一九四九）（修订本）》中卷，中央文献出版社 2013 年版，第 374 页。

② 参见《毛泽东传》（二），中央文献出版社 2013 年版，第 636 页。

③ 《毛泽东文集》第二卷，人民出版社 1993 年版，第 378 页。

仍然坚持没有调查是不可能有发言权的。"①

他后来还说："没有调查，就没有发言权。但就有同志要问，'十样事物，我调查了九样，只有一样没有调查，有没有发言权？'我以为如果你调查的九样都是一些次要的东西，把主要的东西都丢掉了，那末，仍旧是没有发言权。"②

1941年5月19日，毛泽东在延安干部会议上作《改造我们的学习》的报告。他在报告中指出，有些人把马列主义当成死的教条，"对于研究今天的中国和昨天的中国一概无兴趣，只把兴趣放在脱离实际的空洞'理论'研究上"，"言必称希腊"，"自以为是，老子天下第一，'钦差大臣'满天飞"。③

毛泽东在报告中突出地强调了要马克思列宁主义的态度。这种态度要求对周围环境作系统的周密的调查研究；要求不单懂得外国，还得懂得中国；不单懂得中国的今天，还得懂得中国的昨天和前天；要求有目的地研究马克思列宁主义的理论，使马克思列宁主义的理论和中国革命的实际运动结合起来。

这篇《改造我们的学习》重要著作，观点鲜明、措辞尖锐，在党的高级干部中竟然没有引起多少反响，中央宣传部没有报道。那时毛泽东在全党军事上、政治上的领导地位，经过遵义会议和党的六届六中全会先后确立，但思想上的领导地位还没有完全确立。党的六届六中全会后，王明口头上说："党要团结在毛泽东领导之下"，实际上依然坚持过去的错误。1940年3月，王明特意将1931年初版、1932年再版的"左"倾教条主义代表作——《为中共更加布尔什维克化而斗争》一书在延安第三次出版，当作"学习党的建设和中共历史"的材料，硬塞给"成千上万的新干部新

---

① 《毛泽东选集》第三卷，人民出版社1991年版，第791页。
② 《毛泽东文集》第二卷，人民出版社1993年版，第382页。
③ 《毛泽东选集》第三卷，人民出版社1991年版，第797—800页。

党员"和"延安各学校"。王明这一时期写了大量著作，有些还在延安党的刊物上发表，似乎与毛泽东分庭抗礼。

1939 年七八月政治局会议后，张闻天主要负责宣传工作、干部教育工作和马列学院工作，"在相当长的一段时间里，延安的理论宣传和教育工作引经据典已蔚然成风，但这种'经典'是不包括毛泽东著作的"①。实际工作中，宣传教育确实存在着理论与实际脱节的问题。

党内的这种现状，引起毛泽东的不满，他决定先从统一高级干部的思想入手，在全党开展调查研究，解决党内存在的马克思主义理论与中国具体实际相脱节问题。

1941 年 5 月，在延安整风运动的准备阶段，毛泽东指出："在全党推行调查研究计划，是转变党的作风的基础一环。"为此，根据毛泽东的建议，1941 年 8 月 1 日，中共中央作出《关于调查研究的决定》和《关于实施调查研究的决定》两个重要的党内文件。

《关于调查研究的决定》对建党以来调查研究所取得的成绩和存在的不足，作了实事求是的分析和评价，对党内许多干部未能充分认识调查研究的重要性提出了严肃批评。中共中央认为，中国共产党已是一个担负着伟大革命任务的大政党，必须力戒空疏，力戒肤浅，扫除主观主义作风，采取具体办法，加重对于历史，对于环境，对于国内外、省内外、县内外具体情况的调查与研究，方能有效地组织革命力量，取得抗战的胜利。强调"系统的周密的社会调查，是决定政策的基础"，提出要"使这种了解情况、注意政策的风气，与学习马列主义理论的风气密切联系起来"。

为了加强调查研究，中共中央制定了若干办法。中共中央还责成各级党部将本决定与 7 月 1 日所发的《关于增强党性的决定》联系起来，向党的委员会及干部会议作报告，并讨论实施办法。

---

① 《从总书记到外交部长张闻天》，湖南人民出版社 2016 年版，第 407 页。

《关于实施调查研究的决定》对开展调查研究规定了具体的实施办法：在中共中央下设中央调查研究局，担负国内外政治、军事、经济、文化及社会阶级关系各种具体情况的调查与研究。毛泽东兼任局长，任弼时为副局长。中央调查研究局内设调查局、党务研究室和政治研究室三个部门，作为中央一切实际工作的助手。

中央调查研究局第四分局（调查研究室）在一年多时间里，共搜集了772万字的资料。1942年主要进行关中、西北、甘肃等情况调查。1943年集中调查了减租问题，先后对佳县、米脂县、绥德县等进行了减租斗争的调查，并撰写了研究报告。在此基础上起草了《土地租佃条例草稿》、《土地登记办法及说明》、《土地所有权条例及说明》等文件。1944年，调查范围进一步扩大，涉及食盐统销、信用合作社发展、民主政权建设、工业与金融贸易关系等问题。

中共中央加强调查研究的决定，还得到了各级党组织的积极响应。1941年11月3日，中共中央华中局作出《关于调查研究工作的指示》。1941年11月7日，中共中央北方局作出《关于实施调查研究工作的决定》。1942年1月1日，中共晋西北区党委作出《关于调查研究工作的指示》。1942年3月24日，中共晋鲁豫区党委作出《关于调查研究工作的指示》。

在党中央和毛泽东的号召下，党内兴起了调查研究之风，从而为确立党的实事求是的思想路线和从根本上转变党的作风，打下了坚实基础。延安党的领导机关开展了各种类型的调查活动，形成了大批调查报告。

为了用实际行动响应中共中央、毛泽东关于加强调查研究的号召，张闻天下决心到农村调查研究。他的请求得到中共中央同意，从中央几个部门抽调了九名干部，组成"延安农村调查团"，从1942年2月下旬到1943年3月初，对晋西北、陕北进行了为期一年的农村调查，写了《陕甘宁边区神府县直属乡八个自然村的调查》、《碧村调查》、《晋西北兴县二区十四个村的土地问题研究》、《米脂县杨家沟调查》等调研报告。

西北局调查研究局边区问题研究室的柴树藩、于光远等人写了《绥德、米脂土地问题初步研究》。陕甘宁边区主席林伯渠率考察团前往甘泉县、富县进行调查研究，写了《农村十日》[①] 等。

抗日战争时期进行的一系列调查研究，不仅记录了当年抗日根据地农村经济社会状况，为各级党组织制定有关政策提供了决策依据，而且各级干部在调查研究过程中逐步加深了对中国基本国情的认识，逐步学会了用马克思主义基本观点分析中国社会各阶级阶层状况，逐步领会了马克思主义基本原理与中国实际相结合的重要性。它有力地配合了从 1942 年春天开始的在全党范围内发动的以整顿学风、党风、文风，克服党内存在的主观主义、宗派主义、党八股为主要内容的长达三年的整风运动，为全党推进马克思主义中国化和实事求是思想路线的形成、为党的七大胜利召开、为取得抗日战争伟大胜利创造了有利条件。

解放战争时期，蒋介石在美帝国主义的援助下，依仗着拥有一支 430 万人的庞大军队，一再撕毁和平协议，发动空前的反革命大内战，企图消灭人民力量和共产党，抢占抗日革命根据地。中国共产党开展针锋相对斗争，在战争防御、相持和反攻的不同阶段，始终重视军事、土改、宣传等方面的调查研究。

1946 年 5 月 4 日，中共中央发布了关于土地问题的《五四指示》。随后，各解放区开展了轰轰烈烈的土地改革。

1947 年 10 月 10 日，中共中央颁布的《中国土地法大纲》，标志着党的土地政策从抗战时期实行减租减息到解放战争时期实现耕者有其田的转变，指引着在封建制度压迫下的亿万农民汇入伟大的新民主主义革命的洪流。但是，1947 年下半年在平分土地的过程中，因为一些地方没有制定

---

① 　参见薄一波：《若干重大决策与事件的回顾》上卷，中共中央党校出版社 1991 年版，第 120 页。

明确的阶级划分标准等，一度发生侵犯中农利益和破坏民族工商业甚至乱打乱斗现象。中共中央和毛泽东通过调查研究发现土地改革出现"左"倾偏差后，采取一系列措施进行纠"左"，最终形成了一条土地改革总路线，即依靠贫农、雇农，团结中农，中立富农，有步骤地分别消灭封建剥削制度，发展农业生产。

土地改革运动猛烈冲击着几千年来的封建土地制度，使亿万农民获得了土地、粮食、房屋，进一步调动了广大农民革命和生产的积极性，进一步巩固了各解放区，使解放战争获得源源不断的人力和物力支持。为了保卫翻身成果，农民以"保田参军"为口号，到处掀起参军热潮。东北解放区土改三年来，共有160万人参军。在华北也有近百万人参军。人民军队不仅数量多，而且质量好，华东区新兵中，贫农和中农占90%。翻身农民还克服困难，踊跃支前、交公粮。陈毅曾经深情慨叹，我就是躺在棺材里也忘不了沂蒙山人，他们用小米供养了革命，用小车把革命推过了长江。1950年6月，毛泽东明确指出："我们已经在北方约有一亿六千万人口的地区完成了土地改革，要肯定这个伟大的成绩。我们的解放战争，主要就是靠这一亿六千万人民打胜的。有了土地改革这个胜利，才有了打倒蒋介石的胜利。"[①]

1948年1月7日，毛泽东代中共中央起草了《关于建立报告制度》的指示。这个指示中所规定的报告制度，是中共中央坚持民主集中制在新条件下的一个发展，也是中共中央在新条件下加强调查研究的一个重大举措。这个问题在这时特别重要，是因为革命形势已经有了极大的进展，许多解放区已经连成一片，许多城市已经解放或者即将解放，人民解放军和人民解放战争的正规性程度大为提高，全国胜利已经在望。这种情况，要求党迅速克服存在于党内和军队内的任何无纪律无政府状态，把一切必须

---

① 《毛泽东文集》第六卷，人民出版社1999年版，第73页。

和可能集中的权力集中于中央，及时了解各地情况，"使中央有可能在事先或事后帮助各地不犯或少犯错误，争取革命战争更加伟大的胜利"。报告要求"各中央局和分局，由书记负责（自己动手，不要秘书代劳），每两个月，向中央和中央主席作一次综合报告。报告内容包括该区军事、政治、土地改革、整党、经济、宣传和文化等各项活动的动态，活动中发生的问题和倾向，对于这些问题和倾向的解决方法。报告文字每次一千字左右为限，除特殊情况外，至多不要超过两千字。一次不能写完全部问题时，分两次写。或一次着重写几个问题，对其余问题则不着重写，只略带几笔；另一次，则着重写其余问题，而对上次着重写过的只略带几笔"①。

这种报告制度，对中央局和分局的书记来说，是直接调查研究；对中央和中央主席来说，是间接调查研究。它要求书记写报告要亲自动手，下功夫去摸情况，思考问题，进行大量的调查研究，不假他人手。报告要简短实用、突出重点，是用来解决问题的，不是用来摆的。1948 年 3 月 8 日，邓小平向中共中央报告了新解放区政策和策略问题。毛泽东表扬了中原局书记邓小平，称"非常之好，立即转发各地仿照办理"②。毛泽东批评了东北局书记林彪。8 月 15 日，毛泽东以中共中央名义起草一封给林彪和东北局长达两千多字的电报，严厉批评林彪在收到中央规定报告制度六个月以来一直没有按规定向中央作综合性报告，"使我们完全不了解你们在这件事上何以采取这样的敷衍态度"。毛泽东责问道："我们五月间即告诉你们，像大别山那样严重的环境，邓小平同志尚且按照规定向中央主席做了综合性报告，并将邓小平同志来电转给你们阅读。你们的环境比大别山好得多，何以你们反不能做此项报告？"毛泽东说："我们认为所以使你们采取此种态度的主要理由，并不是你们所说的一切，而在这件事上，在你们

---

① 《毛泽东选集》第四卷，人民出版社 1991 年版，第 1264—1265 页。

② 《毛泽东年谱（一八九三——一九四九）（修订本）》下卷，中央文献出版社 2013 年版，第 295 页。

的心中存在着一种无纪律思想。"① 随后，林彪和东北局还向中共中央做了检讨，承认错误。

这种报告制度是战争条件下的特殊制度安排，也是战争条件下我们党开展直接调查和间接调查、实施科学决策的特殊形式，对加快推进解放战争的胜利进程无疑起到了重要作用。

1961 年 1 月，毛泽东在中共中央工作会议上深情地回忆起这段历史时说："抗日战争时期，解放战争时期，我们做调查研究比较认真一些，注意从实际出发，实事求是。通过调查研究，情况明了来下决心，决心就大，方法也就对。方法就是措施、办法，实现方针、政策要有一套方法。"②

## 一万年还要进行调查研究

新中国成立后，中国共产党已从领导人民进行革命夺取政权的党，转变为领导人民建设国家的党。党的每一项重大决策，都直接或间接关系着全国几亿人民的利益。党的工作任务和环境发生了很大的变化，但是依据调查研究制定正确的路线、方针和政策这一领导工作的客观规律没有改变。毛泽东多次强调，中央领导机关是个制造思想产品的工厂，如果不了解下情，就没有原料，没有半成品，就不能制造出来产品。并指出："其原料或者半成品只能来自人民群众的实践中"，正确的政策只能从实践经验中产生，只能来源于调查研究。据薄一波回顾，"建国初期，毛主席对重大问题的决策是很谨慎的，对不同意见也很尊重。"③

① 《毛泽东传》(二)，中央文献出版社 2013 年版，第 867 页。
② 《毛泽东文集》第八卷，人民出版社 1999 年版，第 235 页。
③ 薄一波：《若干重大决策与事件的回顾》上卷，中共中央党校出版社 1991 年版，第120 页。

新解放区土地改革保持富农经济政策的决策，可以说是我们党加强调查研究，进行民主决策、科学决策的成功典范。据薄一波回忆，新中国成立初期，我们党内"没有人使用现在流行的决策程序民主化这样一些概念。但是，毛泽东和党中央当年关于富农政策走群众路线的决策过程，却为决策程序民主化提供了一个很好的范例"①。从井冈山时期开始，到解放战争时期，我们党领导的各个时期的土地革命和土地改革，尽管想法有所不同，但实际上都是打击或者消灭富农。

新中国成立后，毛泽东和党中央开始思考新形势下的富农政策问题。1949 年 11 月，在中央政治局会议上讨论新区农村政策时，毛泽东正式提出：江南土改时，要慎重对待富农。

1950 年初，毛泽东就新解放区土地改革对待富农政策问题，本来主张暂不动富农的出租地，但他认为对这两种意见都有展开讨论的必要，因此选择有代表性的中南局第三书记邓子恢和华东局第一书记饶漱石的意见。邓子恢主张富农的出租地应该拿出来分配，饶漱石则主张不动富农的出租地。

邓子恢于 3 月 16 日、3 月 25 日、4 月 25 日 3 次致电毛泽东，主张富农的出租土地应该拿出来分配，详细论述了必须动富农出租地的理由：土改中如果连富农的出租地都不动，则雇贫农所得，比之按人口平分标准，要少 20% 以上；由于可分地太少，不能满足贫雇农要求，其结果是贫雇农积极性减低；现在不动，过一二年再动，会使中农产生"割韭菜"的疑虑，对生产不利；等等。

4 月 30 日，毛泽东将邓子恢 4 月 25 日的电报转发给饶漱石，征求饶的意见。5 月 1 日，毛泽东电复邓子恢并告饶漱石："鉴于富农出租地数量

---

① 薄一波：《若干重大决策与事件的回顾》上卷，中共中央党校出版社 1991 年版，第 120 页。

不大，暂时不动这点土地影响贫雇农所得土地的数量也不会大，现在我的意见仍以为暂时不动较为适宜。"①在电报中要中南局和华东局根据各自的意见，起草一个土改法令草案，以便在即将召开的中央会议上对照讨论。

5月3日，饶漱石电复毛泽东："不动富农出租土地对贫雇农所得土地数量影响不大，但对团结多数、巩固政权、发展生产、避免搅乱，益处很多，因此，我赞成不动富农出租土地"②。他还说，如果宣传暂时不动，一二年后再动，则不但领导上可能被动，而且对生产亦可能产生若干不良影响，即发生"割韭菜"的顾虑。

5月13日，中南局拟定的《中华人民共和国土地法草案》报送到中央。5月15日，华东局拟定的《土地改革条例草案》上报到中央。

5月底6月初，中央召开土改工作会议，讨论中央政策研究室提出的《中华人民共和国土地改革法（草案）》。关于富农的政策，中南局和华东局仍然有不同意见。中共中央决定将这个问题拿到七届三中全会上讨论并作出决定。

1950年6月6日到9日，党的七届三中全会召开。8日，邓子恢发言，表示完全拥护党中央改变过去征收富农多余土地的政策，但认为对富民出租的土地还要有条件地动一动，全部不动，在土改进行当中还有困难。希望这个问题不要规定死，要有个机动，留一个"尾巴"。饶漱石则说，不动富农的土地比较好，有利于生产。他认为，发展工业才是解决贫雇农困难的基本方法，不能过多地在土地分配上打主意。

经过党的七届三中全会、中国人民政治协商会议一届二次会议的讨论，最后由中央人民政府公布的《中华人民共和国土地改革法》。该法第六条规

---

① 《毛泽东年谱（一九四九——一九七六）》第一卷，中央文献出版社2013年版，第127页。
② 薄一波：《若干重大决策与事件的回顾》上卷，中共中央党校出版社1991年版，第127页。

定：保护"富农所有的自耕和雇人耕种的土地及其他财产，不得侵犯"。"富农所有的出租的小量土地，亦予保留不动；但在某些特殊地区，经省以上人民政府的批准，得征收其出租土地的一部或全部。"[①]"半地主式的富农出租大量土地，超过其自耕和雇人耕种的土地数量者，应征收其出租的土地。富农租入的土地与其出租的土地相抵计算。"[②]从对富农实行新政策的整个决策过程中看到，毛泽东对于土地改革中怎样处理富农问题，本是胸有成竹的。党中央对这一问题也没有明显的不同意见。但是，毛泽东和党中央并没有仓促决策，而是广泛征询各级党委和民主人士的意见，特别是重视不同意见的交换、比较、反复，在充分调查研究和深入讨论的基础上，在保持基本政策统一的前提下，具体问题的处理允许各地因地制宜，不搞全国"一刀切"。华东地区工业发展条件更好，积极性更高；中南地区以农业为主，工业基础条件差些，两地情况不同，土改中对待富农政策不同，也是在情理之中。高明之处在于，毛泽东和党中央关于富农政策的决策经验，既充分发扬党内民主，广泛调查研究，又集中全党智慧，形成科学决策，是我们党加强调查研究，推进决策民主化、科学化的成功范例。

《中华人民共和国土地改革法》的发布，标志着土地制度改革运动在新解放区有步骤地展开。从1950年下半年到1952年底，广大新解放区的土地改革基本完成。全国有约3亿无地和少地的农民无偿获得约7亿亩土地和大量生产资料。它从根本上铲除了中国封建制度的根基，大大解放了农村生产力，有力地促进了农业经济的恢复和发展，为新中国逐步实现工业化和现代化开辟了道路。

修建长江三峡工程问题的提出、研究和决策，是新中国成立后我们党深入调查研究，慎重决策、民主决策、科学决策的又一成功范例。新中国

---

① 《建国以来重要文献选编》第一册，中央文献出版社1992年版，第294页。
② 《建国以来重要文献选编》第二册，中央文献出版社1992年版，第337页。

成立后，毛泽东和党中央很重视黄河、长江等大江大河的治理与开发问题。毛泽东说，过去黄河、长江涨水造成水患，不归我们管，现在黄河、长江回到人民手里，人民就有权医治它们。1953 年 2 月，毛泽东视察长江，乘坐"长江"舰沿江考察，听取水利部长江水利委员会主任林一山汇报，提出了修建三峡工程和南水北调两大设想："为什么不在这个总口子上卡起来，毕其功于一役？就先修那个三峡水库怎么样？""南方水多，北方水少，能不能从南方借点水给北方？"①毛泽东说驯服这条大江一定要认真研究，这是一个科学问题，并提出三峡问题暂时不考虑开工，只是摸底，但南水北调工作要抓紧，对汉水引水方案进一步研究，并组织人查勘。

1954 年发生的长江特大洪水，造成汉口堤防 64 处决口，湖北境内就有 2127 万亩农田被淹，926 万人受灾，3 万人死亡，南北交通大动脉京广铁路中断达 100 天。中国共产党领导层清醒地认识到，要从根本上治理长江水患，就必须建造长江三峡大坝。

林一山在《中国水利》1956 年第 5、第 6 期上发表了《关于长江流域规划若干问题的商讨》一文，认为长江流域规划中必须首先解决防洪问题，而三峡是防洪性能最好的地区，三峡水库可以根本解决中下游平原的水灾，三峡工程还可以改善川江航道，使万吨巨轮终年通航于长江之上，可以装机 2300 万千瓦，每年可发电 1500 亿千瓦时。

国家燃料工业部水电总局局长李锐在《水力发电》杂志上发表的题为《关于长江流域规划的几个问题》一文认为，若修建 235 米高的三峡大坝用于解决防洪问题，势必会造成长江三峡地区迁移人口 125 万，淹地 120 万亩的重大损失，有悖于综合利用原则。文末还提出了先修支流水库、后建干流水库、逐步提高长江防洪标准的设想。

---

① 《毛泽东年谱（一九四九——一九七六）》第二卷，中央文献出版社 2013 年版，第 33—35 页。

　　1956 年，毛泽东再次听取长江水利委员会关于三峡工程的勘测和科研工作汇报，并充分肯定了他们的工作成绩。

　　5 月 31 日，6 月 2 日、3 日，毛泽东到武汉畅游长江。在畅游长江期间，毛泽东既为长江的宏伟气势所鼓舞，又为祖国日新月异的建设场面所激励，创作了《水调歌头·游泳》。词中有一句："风樯动，龟蛇静，起宏图。"这里的"起宏图"，除了建筑长江大桥外，还有在三峡建筑水库的宏伟计划。"更立西江石壁，截断巫山云雨，高峡出平湖。"毛泽东三年前视察长江时关于三峡建坝的宏伟设想，这时以诗词特有的方式表达了他的憧憬和决心。要在长江西段三峡里筑起一道拦河坝，把长江上游的雨水拦住，建成一个水库，即一个大湖。把拦河坝称为石壁，突出它的坚固。巫山在四川巫山县，长江在巫山经过，那里称为巫峡。这说明拦河坝可以截断巫山的云雨，使高峡出现一个平湖。这充分展现了毛泽东在三峡建坝，使长江更有利于人民的宏图理想。

　　1958 年 1 月 18 日下午，毛泽东在南宁主持会议，讨论长江流域的综合开发问题，就是否立即兴建三峡工程听取两种不同的意见。会上，以林一山为代表的一派积极赞成三峡上马，以李锐为代表的一派坚决反对三峡上马，两派意见展开了激烈的交锋。会上还把这两个人的意见作为会议文件印发。毛泽东肯定了李锐的意见，决定推迟三峡工程上马。

　　1958 年 3 月下旬，中共中央召开成都会议，听取了率队察勘三峡的总结报告，通过了《关于三峡水利枢纽和长江流域规划的意见》。毛泽东在《意见》中的"从国家长远的经济发展和技术条件两个方面考虑，三峡水利枢纽是需要修建而且可能修建的"之后，加写"但是最后下决心确定修建及何时开始修建，要待各个重要方面的准备工作基本完成之后，才能作出决定"[1]。

_____

[1]　《毛泽东年谱（一九四九——一九七六）》第三卷，中央文献出版社 2013 年版，第 329 页。

3 月 29 日，毛泽东乘"江峡"轮离开重庆，30 日考察三峡，4 月 1 日到武汉。这充分体现了毛泽东对三峡重大工程决策采取的慎重、科学和民主的态度。

1966 年 4 月，毛泽东阅林一山关于修建长江三峡工程综合报告。报告说：根据当前国家经济发展情况，三峡工程宜早不宜迟，建议中央将这一工程列为第三、第四两个五年计划期间的建设项目。毛泽东批示："已阅。需要一个反面报告。"①这简单的十个字，体现了毛泽东对三峡工程重大决策慎之又慎的态度，值得所有领导者借鉴。

三峡工程直到 1992 年获得全国人民代表大会批准建设，1994 年正式动工兴建，2003 年 6 月 1 日下午开始蓄水发电，于 2009 年全部完工。它是目前世界上规模最大的水电站和清洁能源基地，也是目前中国有史以来建设的最大型工程项目。这么一个宏大的工程，倾注了几代党和国家领导人的心血，是我们党深入调查研究，进行科学决策的成功典范。

毛泽东把主编《中国农村的社会主义高潮》这部书，看作是他在新中国成立后的"第一次调查"。1961 年 3 月，在广州召开的中央工作会议上，谈到调查研究问题时，毛泽东说，解放后 11 年，我做过两次调查，一次是为农业合作化问题，十一天工夫关了门，看过一百几十篇材料，每省有几篇，出了一本书，叫做农村社会主义高潮。每篇都看，有些看了几遍，研究他们农村合作化为什么搞得好。又一次是十大关系，那是经过两个半月，和三十四个部门讨论，每天一个部或两天一个部，听他们的报告，跟他们讨论，然后得出十大关系的结论。

作为一个农家子弟出身并长期领导农民革命斗争的无产阶级革命家，毛泽东的心总是同广大贫苦农民息息相通、紧密相联。新中国成立初期农业社会主义改造，即农业合作化，毛泽东给予了特别的关心，投入了格外

---

① 《毛泽东年谱（一九四九——一九七六）》第五卷，中央文献出版社 2013 年版，第 582 页。

的精力，自始至终具体指导着这场农村的巨大变革。

在广大农村，特别是老解放区，当土地革命完成后，一些刚刚获得土地的贫苦农民就开始组织起来，成立各种互助合作社。1951 年 9 月，根据毛泽东提议，全国第一次互助合作社会议在北京召开，形成《关于农业生产互助合作的决议（草案）》。1953 年 1 月，毛泽东说，中央农村工作部的任务，是在十年至十五年或更长些时间，完成农业社会化，配合国家工业化，实现农业集体化，即把农民组织起来，经过互助合作，过渡到集体农庄。在实践中，一些地区程度不同地出现急躁冒进倾向，盲目追求互助合作的高级形式，试办农业生产合作社。10 月，毛泽东找来中央农村工作部领导进行两次谈话，批评了 1953 年春发生的纠正农业互助合作急躁冒进的问题。

1953 年 12 月，中共中央通过了根据毛泽东谈话精神起草了《中共中央关于发展农业生产合作社的决议（草案）》。这是中共中央关于农业互助合作运动的第二个决议。经过两年实践，毛泽东关于农业合作化的思想有了新的发展变化。比如，第一个决议强调"稳步前进"，第二个决议则加上一条"积极领导"，完整的提法是"积极领导，稳步前进"。1955 年 1 月，中共中央发出《关于整顿和巩固农业生产合作社的通知》，决定"对当前的合作化运动，应基本上转入控制发展、着重巩固的阶段"[1]。4 月，毛泽东到南方视察，感到在外地看到、听到的情况，和北京接触的材料有很大不同。5 月 1 日，在天安门城楼上表示，合作化还可以快一些。[2]

为了摸清农村情况，毛泽东还派他身边的几名警卫战士回自己的家乡调查，有河南的、广东的、广西的、湖南的。7 月 19 日、20 日、22 日，毛泽东连续三天分三批听取身边警卫战士回乡探亲的调查汇报。毛泽东还

---

[1] 《建国以来重要文献选编》第六册，中央文献出版社 1993 年版，第 12 页。

[2] 参见杜润生：《忆五十年代初期我与毛泽东主席的几次会面》，见《缅怀毛泽东》下册，中央文献出版社 1993 年版，第 383 页。

向个别相关的省委书记进一步了解合作化情况。毛泽东要求合作化要坚定方向，不能动摇，同时增加生产，必须完成，避免苏联集体化时农业生产大减产和生产力遭到严重破坏的错误。毛泽东已下决心批判农业合作化问题上的右倾错误。7月31日，毛泽东在中南海怀仁堂举办的省、市、自治区委书记会议上作《关于农业合作化问题》的报告。

毛泽东心目中"建国后第一次调查"，就是在这样的历史背景下发生的。1955年9月15日，他在北戴河开始编书，到25日写好序言、返回北京，正好是11天。书名叫《怎样办农业生产合作社》，实际收入材料121篇。毛泽东非常看重这些来自各省、市、自治区的实际材料。编好后印发若干样本，发给了在同年10月召开的党的七届六中全会的与会人员，请其提意见和建议。参会人员拿到样本深受鼓舞，但有不少同志提出，有些材料已过时，需要补充新的材料。这次全会后，党内在发展合作化问题上已没有不同声音，各地纷纷快马加鞭，大办农业合作社，合作化运动的高潮已经到来。

自1955年12月起，毛泽东动手重编《怎样办农业生产合作社》。毛泽东保留了样本中材料91篇，吸收新材料85篇，合计176篇。这些都是全国各地合作化运动的典型经验。毛泽东重写序言，书名改为《中国农村的社会主义高潮》。此时全国农业合作化形势发展很快，大大超出了人们所料，也是毛泽东始料不及的。毛泽东心情兴奋，全神贯注编书，认真修改文字。毛泽东为这本书共写了104篇按语，这些按语是他农业生产合作化思想的重要体现，成为各地进行农业生产合作化的指导思想。1956年1月，《中国农村的社会主义高潮》由人民出版社正式出版。毛泽东对参加此书编辑的田家英说，他很高兴，1949年全国解放时都没有这么高兴。对毛泽东来说，全国解放是早已预料到的，而农业生产合作化来得这么快完全出乎他的意料，占全国人口绝大多数的农民群众开始社会主义的新生活。

毛泽东的这次调查研究，是花了很大精力的，倾注了大量心血，提出了许多有价值的重要思想。这主要是：一切合作社，都要以是否增产和增产的程度，作为检验自己是否健全的主要标准；勤俭经营应当是全国一切农业生产合作社的方针，应当是一切经济事业的方针；政治工作是一切经济工作生命线的原理；用积极的态度克服困难、治穷致富的思想；农业多种经营的思想；改进领导方法和工作方法的一些重要倡议；尖锐地提出文风问题；等等。这些思想的基本精神，对推进农村党的建设和经济社会建设有着长远的影响。①

毛泽东的这次调查研究，对农村情况作了一些不切实际的判断。这主要是：提出批判右倾机会主义，号召其他战线也反对右倾保守，扩大建设规模和加快建设步伐，使 1956 年的经济建设出现了冒进偏向；论述了农村两条道路的斗争，发展了农村阶级政策的思想等。那时，中共领导人在实现高级合作社的目标上是没有分歧的，分歧在于后期的发展速度，集中表现在毛泽东与邓子恢之间的争论上。毛泽东急于从初级社向高级社过渡，急于将小社合并为大社，更多地着眼于发挥集体经济的长处，忽视农村个体经济的积极性、创造力和潜在的活力，没有充分估计客观实际条件和农民群众的觉悟程度，过急地人为地加速合作化"高潮"的到来。实践证明，毛泽东对邓子恢的批评是错误的，邓子恢在合作化步骤上的逐渐演进的主张是比较符合中国农村实际的。② 在中国这个农业人口占绝大多数的国家搞什么样的农村集体经济、走怎么样的农村社会主义道路，是一个崭新的重大而复杂的课题。因此，毛泽东的这次农村调查，对农业合作化探索过程中提出一些不切实际的判断，在一定程度上是难免的。他这次调查更多的是间接调查，使用的调查材料是各地上报的报告。这些报告经过

---

① 　参见薄一波：《若干重大决策与事件的回顾》上卷，中共中央党校出版社 1991 年版，第 387—393 页。

② 　参见《毛泽东传》（三），中央文献出版社 2013 年版，第 1379—1381 页。

筛选未必全面客观真实，这也是这次调查对农村情况把握没有那么准确的一个重要原因。还有就是毛泽东关于农业合作化全部立论的基础，是把一亿一千多万个体经营改变为集体经营，实际上他是带着农业合作社可以快办、大办这样的思想去调查。这样一来，在调查材料的取舍上、在合作化步骤的快慢上，就很难保持那么客观精准了。

毛泽东把探索中国国情的建设社会主义开篇之作《论十大关系》，看作他在新中国成立后的"第二次调查"。

毛泽东的这次调查研究，是从 1956 年 2 月 24 日开始，到 4 月 24 日结束，共听取了国务院 34 个部门的工作汇报，还有国家计委关于第二个五年计划的汇报，实际听汇报的时间为 43 天。毛泽东召集的这些汇报会，周恩来几乎每次都来，刘少奇、邓小平、陈云等领导人有时也来参加，这实际上成为中央主要领导成员的集体调研活动。

据薄一波回忆，自 4 月下旬开始，到 5 月 2 日，毛泽东在最高国务会议上谈十大关系时，已邀请湖北、广东两省委和武汉、广州两市委在京开了四天的汇报会；在这前后，中央还收到广东、河北、湖北、湖南、江西、广西、四川、贵州等省委，天津市委和一些省辖市委给毛泽东的书面汇报材料。①

在毛泽东诸多调查研究实践中，被他视为新中国成立后的两次调查，时间仅隔一个多月。为什么毛泽东要花这么大气力，专心致志进行这么一项规模巨大的调查研究呢？

这是因为，1956 年初，在国际方面，自朝鲜停战以来，经过日内瓦会议和万隆会议，国际紧张局势日趋缓和，可能给我国和平建设赢得时间。在国内方面，社会主义改造即将完成，中国将进入社会主义社会。

---

① 参见薄一波：《若干重大决策与事件的回顾》上卷，中共中央党校出版社 1991 年版，第 469 页。

毛泽东把注意力转到经济建设和科学文化建设上来，开始探索在中国这样一个贫穷落后、人口众多、情况十分特殊的东方大国如何建设社会主义这个崭新的重大课题。同探索中国革命的道路一样，这个课题的解决从马列主义的书本上找不到现成的答案，照抄、照搬苏联的模式又不符合中国国情，凭主观想象更不行，只能对实际情况进行系统而周密的调查研究。

毛泽东在听取 34 个经济部门汇报时，2 月 24 日至 25 日，苏联共产党召开二十大。赫鲁晓夫作了反对斯大林的秘密报告，这个秘密报告尖锐批评斯大林破坏法制，肃反扩大化，对战争毫无准备，搞个人崇拜，彻底否定斯大林。苏共二十大批评了斯大林的错误，暴露了苏联在建设社会主义中间的一些缺点和错误。这对于正在思考中国如何建设社会主义的毛泽东来说，无疑非常重要。毛泽东召集中央政治局和中央书记处成员多次讨论这个秘密报告，认为秘密报告，一是揭了盖子，二是捅了娄子。所谓揭了盖子，表明斯大林及苏联的做法不是没有错误的，各国党可根据各自的情况搞社会主义建设，提出适合本国国情的方针、政策，不要再迷信苏联了。可以说，"以苏为鉴"，根据中国情况走自己的路，是贯穿《论十大关系》的基本思想。正如毛泽东所说："特别值得注意的是，最近苏联方面暴露了他们在建设社会主义过程中的一些缺点和错误，他们走过的弯路，你还想走？过去我们就是鉴于他们的经验教训，少走了一些弯路，现在当然更要引以为戒。"①

《论十大关系》重点讨论经济问题，同时也包括同经济建设密切相关的国家政治生活中的一些重大问题。毛泽东把这些问题，概括成十大关系，即：重工业和轻工业、农业的关系，沿海工业和内地工业的关系，经济建设和国防建设的关系，国家、生产单位和生产者个人的关系，中央和

---

① 《毛泽东著作选读》下册，人民出版社 1986 年版，第 720—721 页。

地方的关系，汉族和少数民族的关系，党和非党的关系，革命和反革命的关系，是非关系，中国和外国的关系。这十大关系不是并列的，是有重点的。"在十大关系中，工业和农业，沿海和内地，中央和地方，国家、集体和个人，国防建设和经济建设，这五条是主要的"。①

所谓十大关系，是社会主义建设面临的十个基本问题，实际上也是十组矛盾。毛泽东对此讲得很清楚。他说："这十种关系，都是矛盾。世界是由矛盾组成的。没有矛盾就没有世界。我们的任务，是要正确处理这些矛盾。"②毛泽东处理这十大关系，或者十组矛盾，充满着辩证法，侧重点也是不同的。比如，在重工业和轻工业、农业的关系上，坚持优先发展重工业的前提下，强调更多发展轻工业和农业。在沿海工业和内地工业的关系上，强调在合理安排工业布局的前提下，更多地利用和发展沿海的工业。在经济建设和国防建设的关系上，强调首先要加强经济建设。在国家、生产单位和生产者个人的关系上，强调三个方面必须兼顾，特别要照顾农民的利益，还要给工厂一定的权力，一定的独立性。在中央和地方的关系上，在巩固中央统一领导的前提下，强调给地方更多的权力和独立性，发扬中央和地方两个积极性，等等。

归结起来，《论十大关系》确定的一个基本方针："就是要把国内外一切积极因素调动起来，为社会主义事业服务。"③

《论十大关系》初步总结了我国社会主义建设的经验，提出了探索适合中国国情的社会主义道路的任务，是毛泽东关于社会主义建设问题的经典之作，是马克思主义中国化第二次结合的重要成果，极大地丰富和发展了毛泽东思想。19 年后的 1975 年 7 月 13 日，邓小平对《论十大关系》作过这样的评价："这篇东西太重要了，对当前和以后，都有很大的针对性

---

① 《毛泽东传》(四)，中央文献出版社 2013 年版，第 1446—1447 页。
② 《毛泽东文集》第七卷，人民出版社 1999 年版，第 44 页。
③ 《毛泽东著作选读》下册，人民出版社 1986 年版，第 720 页。

和理论指导意义"①。

1956 年 9 月，党的八大胜利召开后，毛泽东一直亲自在各地调查研究，还派身边的秘书、警卫分赴各地调查研究，派中央办公厅机要局到河北徐水县调查研究。党中央召开了若干中央全会，但我们党还是犯了"大跃进"和人民公社化运动这样严重的错误。"大跃进"（1958—1960 年）中，以"共产风"、浮夸风、高指标和瞎指挥为主要标志的"左"倾错误严重泛滥，党和人民面临新中国成立以来最为严重的经济困难，国民经济比例失调严重局面加剧，积累和消费比例失调；工农业比例失调，重工业畸形发展；工业内部各部门比例失调，钢铁工业挤占大量能源、原材料和交通运输，使其他部门无法正常生产。最严重的是农业生产遭到严重破坏，加上农业连续几年遭受自然灾害，农副产品急剧下降。1960 年同 1957 年相比，城乡人民平均的粮食消费量减少了 19.4%，其中农村人均消费量减少 23.7%。植物油人均消费量减少 70%。由于出生率大幅度大面积降低，死亡率显著提高，据正式统计，1960 年全国总人口比上年减少一千万。突出的如河南信阳地区，1960 年有九个县死亡率超过 100%，为正常年份的好几倍。②

应当说，"大跃进"前后毛泽东和党中央其他领导经常亲自参加调查研究。以 1958 年毛泽东在各地调研为例。新年刚过，毛泽东就在杭州召开杭州会议，接着到湖南调研；2 月到东北考察，3 月到四川考察，召开成都会议；4 月到广东，5 至 6 月又到杭州，8 月到河南、山东、天津等地，9 月到湖北、安徽，10 月在河北，11 月又到河南，12 月再到湖北，可谓马不停蹄。再比如，1959 年 10 月 23 日，毛泽东乘专列离开北京，经天津、济南、徐州、合肥、南京、上海、杭州、广州、长沙等地返回北京。在历

---

① 《邓小平年谱》第四卷，中央文献出版社 2020 年版，第 68 页。

② 参见中共中央党史研究室著，胡绳主编：《中国共产党的七十年》，中共党史出版社 1991 年版，第 368—369 页。

时五个月零三天的调查研究活动中，参加各种会议、谈话 66 次。①

为什么还会出现"大跃进"这样重大的失误呢，作者阅读了《毛泽东年谱》从 1956 年至 1962 年有关记录，学习了党的十一届六中全会通过的《关于建国以来党的若干历史问题的决议》和当年毛泽东身边一些人写的回忆录，认为主要原因可能有以下几方面。

一是对什么是社会主义和怎样建设社会主义全党缺乏足够的理论和思想准备，实践经验严重不足。商品生产、商品交换、等价交换、按劳分配、价值规律、联产承包等，是不是社会主义没有搞清楚，混淆了集体所有制和全民所有制的界限，混淆了社会主义和共产主义的区别，把许多不是社会主义的东西附加在社会主义名上，把许多是社会主义的东西排除在社会主义名外。在社会主义建设上存在很大的盲目性，对社会主义经济还有许多未被认识的必然王国。正如 1956 年 3 月毛泽东所说的那样："苏联要犯错误，我们也要犯错误。因为我们所走的道路是前无古人的道路。苏联是第一个搞社会主义，第一个搞无产阶级专政，所以，可以说他们犯错误是不可避免的。中国搞社会主义也可能犯错误，甚至犯大错误。因为要摸清建设社会主义的规律不是容易的事情。路如何走，不容易。我们搞民主革命也是犯了许多错误之后才成功的。建设社会主义同样是这样。要树立错误难免的观点。任务是尽量少犯错误，使主观符合客观，按客观规律办事，反对主观主义，反对教条主义，反对片面性。这样避免犯大错误。我们力求不犯大错误。"② 尽管那时伟人毛泽东头脑是如此清醒，如此智慧，如此远见，但是后来在探索过程中还是犯了"大跃进"这样的重大失误，而"文化大革命"是我们在探求中国自己的社会主义道路的历程中遭到的严重挫折。邓小平在第三次复出后，在总结这段历史时多次指出，那

---

① 参见《新时代领导干部调查研究指南》，天津人民出版社 2019 年版，第 112 页。

② 吴冷西：《十年论战——1956—1966 中苏关系回忆录》，中央文献出版社 2014 年版，第 10 页。

时我们对什么是社会主义、怎样建设社会主义没有完全搞清楚，我们的首要任务是搞清楚什么是社会主义、怎样建设社会主义。

二是对中国建设社会主义、进入共产主义热情高涨。从新中国成立到1957年下半年，我国社会主义革命和建设进展非常顺利，经济社会得到迅速恢复和发展。中央和地方不少领导在胜利面前滋长骄傲自满情绪，急于求成，夸大主观意志和主观努力，忽视经济规律。"中国经济落后，物质基础薄弱，使我们至今还处在一种被动状态，精神上感到还是受束缚，在这方面我们还没有得到解放。"①毛泽东发动"大跃进"时候讲的这一番话，说出了全党共同的感受。在迅速取得一连串伟大胜利的中国人民面前，似乎没有什么事情是做不到的。加之反右扩大化，导致许多人不敢讲真话、实话。党内不同意见难以提出，党内生活开始不正常，家长制、一言堂作风盛行。强调"气可鼓，不可泄"，"人有多大胆，地有多大产"的豪言壮语弥漫整个社会。邓小平后来总结这段历史时强调，不能把"大跃进"的错误完全归根到毛泽东一个人，刘少奇、周恩来、包括他自己，当时都没有提出不同意见，陈云没有说话。

三是没有经过周密全面地搞调查研究和认真试点工作，就在总路线提出后轻率地发动了"大跃进"和人民公社化运动。新中国成立后，毛泽东日理万机处理国务，仍然高度重视调查研究，但是与土地革命时期的实地调查相比有明显的变化。除了《论十大关系》等是通过调查会进行比较深入系统的调查外，大量的是通过视察、请下面人上来座谈、通过身边工作人员的调查、阅读各地区各部门的调研报告等方式，进行非系统的间接的调查研究。这种调查，毛泽东称为"走马看花"，认为"总比不走不看好"。当时，毛泽东对总路线、"大跃进"和人民公社仍然完全肯定，因而对调查研究中发现的问题也没有给予足够的应有的重视。这也从反面证

---

① 《毛泽东文集》第七卷，人民出版社1999年版，第350页。

明调查研究对于正确决策的极端重要性。正如陈云所说:"难者在弄清情况,不在决定政策。"①陈云反复强调,要用百分之九十以上的时间去作调查研究,弄清情况,用不到百分之十的时间决定政策,这样决定的政策,才有基础,才会避免和少犯错误。

受到严重困难的教训,全党和中央逐步清醒过来,决心认真调查研究,纠正错误,调整政策。1961 年 1 月,党的八届九中全会正式决定对国民经济实行"调整、巩固、充实、提高"。毛泽东强调,"没有调查研究是相当危险的"。他号召全党大兴调查研究之风,并提出要在 1961 年"搞个实事求是年",使这一年"成为一个调查年"。

他还说:"建国以来,特别是最近几年,我们对实际情况不大摸底了,大概是官做大了。我这个人就是官做大了,我从前在江西那样的调查研究,现在就做得很少了。今年要做一点,这个会开完,我想去一个地方,做点调查研究工作。"②他指出:"民主革命阶段,要进行调查研究,社会主义革命和社会主义建设阶段,还是要进行调查研究,一万年还是要进行调查研究工作。""我的经验历来如此,凡是忧愁没有办法的时候,就去调查研究,一经调查研究,办法就出来了,问题就解决了。打仗也是这样,凡是没有办法的时候,就去调查研究。"③他还说,搞社会主义建设不能那么急,可能要搞半个世纪。今后几年慢腾腾,指标不能那么高,不要务虚名而招实祸。

随后,中央发出《关于认真进行调查工作问题给各中央局,各省、市、区党委的一封信》,附有散失多年、不久前重新发现的毛泽东 1930 年写的《关于调查工作》(后来公开发表时改为《反对本本主义》)一文,要求县以上各级领导机关联系实际深入学习。信中说,深入调查研究,是领导工作的首要任务。

---

① 《陈云文选》第三卷,人民出版社 1995 年版,第 46 页。
② 《毛泽东文集》第八卷,人民出版社 1999 年版,第 237 页。
③ 《毛泽东文集》第八卷,人民出版社 1999 年版,第 261—262 页。

全会以后，毛泽东直接组织和指导三个调查组，分赴浙江、湖南、广东农村进行调查。刘少奇、周恩来、朱德、邓小平等分别到湖南、河北、四川、北京等地，深入基层调查研究。毛泽东3月在广州主持起草了《农村人民公社条例（草案）》（简称农业六十条）。然后，经过广大干部和群众反复讨论和试点，对这个条例做了几次重大修改。比如，取消了农民普遍反对的部分供给制和公共食堂，提出将人民公社的基本核算单位下放到相当于原来初级社规模的生产队，规定农村人民公社以生产队为基础的三级集体所有制，是在一个长时期内的根本制度等。这个条例在调动农民积极性、恢复和发展农业生产方面发挥了重要作用，在遏制"共产风"再起方面发挥了积极作用。

同时，在邓小平主持下，派出11个工作组到许多工矿企业进行调查。在这个基础上，起草了《国营工业企业工作条例（草案）》（即工业七十条），9月由中央发布试行。党中央还发布手工业三十五条、商业四十条、科学十四条、高教六十条、文艺八条。总之，通过全党开展调查研究，及时对农业、工业、科学、教育、文化等政策进行调整，国民经济和社会得以顺利发展。

1962年，在七千人大会上，毛泽东仍强调全党要调查研究，形成风气，以此统一全党的思想和步调。

纵观毛泽东的一生，他一直重视调查研究，在调研中加深对中国国情的了解和把握，不断推进马克思主义中国化，努力制定符合实际的党的路线方针和政策。邓小平后来讲："毛泽东同志从参加共产主义运动、缔造我们党的最初年代开始，就一直提倡和实行对于社会客观情况的调查研究，就一直同理论脱离实际、一切只从主观愿望出发、一切只从本本和上级指示出发而不联系具体实际的错误倾向作坚决的斗争。"①

---

① 《邓小平文选》第二卷，人民出版社1994年版，第114—115页。

## 调查研究对改革开放伟大决策的制定和
## 贯彻具有不可估量的作用

在 20 世纪 70 年代后期，中国面临的国际环境有新变化。和平与发展是世界的主题，科技进步日新月异，世界经济正在快速发展，世界现代化的进程加快进行。党的十一届三中全会实现了全党工作重心从以阶级斗争为纲转移到社会主义经济建设上来，建设社会主义现代化成为最大的政治。随着开放扩大、改革深化，中国建设速度加快，建设规模更大，各级领导面临的一个极为复杂而又关键的问题，是如何实现决策的科学化。决策能不能科学化，事关重大。1985 年 11 月 1 日，著名科学家钱学森在中央党校作报告，题目是《社会主义现代化建设和领导决策的科学化》。他认为，领导决策毕竟不是"三加五等于八"之类的事情，有许多不那么清楚而定量因素要在决策中考虑。"领导干部要有丰富的学识，但要有学问又不能是死学问，领导干部还要有工作经验。"① 要实现新时期决策的科学化，自然离不开调查研究、离不开科学技术。这个时期的调查研究，既继承和发扬了毛泽东开调查会等方法，又引进和运用西方调查统计方法；既进行定性分析，又开展定量研究。党和国家从社会主义现代化决策的实际需要出发，同时借鉴西方国家发挥决策咨询机构作用的做法，建立了中国社会科学院、国务院发展研究中心，恢复了中共中央党校等，这些单位各类人才济济，发挥着"智囊团"作用。比如，中共中央党校就承担着"为党育才、为党献策"的重大使命。一些所谓"民间"咨询机构也如雨后春笋般在中国的大地上生长出来。

以邓小平同志为主要代表的中国共产党人在新时期作出对中国社会主

---

① 《钱学森在中央党校的报告》，上海交通大学出版社 2015 年版，第 154 页。

义现代化建设产生重大影响的决策，仍然是遵循毛泽东倡导的实地调查研究方法，听各级党委政府工作汇报、看农村城市面貌和人民精神状态变化，同国外进行相关比较研究，还充分发挥决策咨询机构的作用，通过会议讨论作出重大决策。

邓小平在中国新民主主义革命、社会主义革命和建设及改革开放的各个历史时期，都作出过重大贡献。他一生"三落三起"，每次"落"，都是因为他坚持实事求是的党性原则而遭到错误批判。可以这样认为，实事求是、敢于担当是邓小平鲜明的崇高品格。邓小平指出，实事求是是马列主义哲学的概括史，也是毛泽东讲得最多的道理。① 这个著名论断本身就包含和体现了调查研究的重要性。他认为，"所谓群众路线，包括调查研究"②。1956 年，邓小平在党的八大《关于修改党的章程的报告》中指出："离开群众经验和群众意见的调查研究，那末，任何天才的领导者也不可能进行正确的领导。"③ 邓小平领导并参与了我们党许多重大的调查研究活动，为我们党调查研究优良作风的形成和发展作出重大贡献。

粉碎"四人帮"，举国欢腾。但是，没有毛泽东的中国将向何处去？这是全国人民非常关心、担心的重大问题。当时的中国面对三种选择。

一是一部分人受到对毛泽东个人崇拜的影响，要求坚持"两个凡是"，让中国继续走以阶级斗争为纲的封闭僵化的老路；

二是一部分年轻人看到西方经济、技术发展快，人民生活好，要求坚持搞全盘西化，让中国走资本主义改旗易帜的邪路；

三是相当一部分革命者坚持解放思想、实事求是，要求坚持改革开放，闯出一条有中国特色的社会主义新路。

---

① 参见《邓小平年谱（一九七五——一九九七）》上卷，中央文献出版社 2004 年版，第 319—320 页。

② 《邓小平文选》第一卷，人民出版社 1994 年版，第 290 页。

③ 《邓小平文选》第一卷，人民出版社 1994 年版，第 219 页。

在这样重大的历史关头，邓小平着力倡导恢复和确立党的实事求是的思想路线。当时争论的焦点之一，就是究竟是从"本本"出发、搞"两个凡是"，还是一切从实际出发、坚持实践是检验真理的唯一标准。他强调："只有解放思想，坚持实事求是，一切从实际出发，理论联系实际，我们的社会主义现代化建设才能顺利进行，我们党的马列主义、毛泽东思想的理论也才能顺利发展。"[①] 那么，怎样才能做到实事求是、从实际出发呢？他仍然强调："先作调查研究，然后才有发言权"。邓小平常讲"摸着石头过河"，其中就包含着在摸索中要重视调查研究的意思。邓小平带领全党在国内外开展一系列的调查研究，他在调查研究中的一个特点鲜明，喜欢"问数字"、"爱算账"，常常通过算账了解基层真实情况，发现存在问题、纠正工作失误，为重要决策的制定与实施提供具体依据。这有力地推动了我们党历史性重大决择的制定和落实，开辟了中国特色的社会主义新道路，为创立邓小平理论奠定了坚实的思想基础。

农村改革率先起步于实践中的调查研究。1977 年 7 月，邓小平第三次复出，他在设计中国改革开放和现代化建设的宏伟蓝图中，把农村的改革和发展放在整个国民经济改革和发展战略的首位。从 1977 年冬开始，他到各地视察，调查研究，"到处点火"，首先点燃的就是农村改革。

1977 年 11 月，邓小平把广东作为复出后首次视察全国的第一站，叶剑英与他同行。当时，广东面临的最大挑战是逃港问题，几乎无力防守。中央及广东都对逃港采取严厉措施，派边防部队、公安、民兵沿着海岸昼夜巡逻，在广深公路设卡，拦截偷渡人群。他们宁愿冒着被海水淹死、被港英政府押回收容的风险，仍屡禁不止。

在广州，邓小平在听取中共广东省委负责人汇报农村政策、逃港事件等情况时说："说什么养几只鸭子就是社会主义，多养几只就是资本主义，

---

① 《邓小平文选》第二卷，人民出版社 1994 年版，第 143 页。

这样的规定要批评，要指出这是错误的。""逃港，主要是生活不好，差距太大。""看来最大的问题是政策问题。政策对不对头，是个关键。这也是个全国性的问题。"①邓小平这里讲的政策问题，指的是全国农村政策需要调整，实际上这关系到什么是社会主义、怎样建设社会主义这个重大的理论和实践问题。

邓小平的话让广东领导人不解其意，说政策有问题，难道不准外逃的政策有变？不久，广东省委书记吴南生到深圳作过一次调查。深圳有个罗芳村，河对岸的香港新界也有个罗芳村。深圳罗芳村的人均年收入是134元，而新界罗芳村的人均年收入是13000元；宝安农民一个劳动日收入为0.70—1.20元，而香港农民劳动一日收入60—70港元，两者相差100倍。事实使吴南生恍然大悟，明白了邓小平讲话的含义。经济收入对比如此悬殊，难怪人心向外了。

1978年2月，邓小平途经成都，在听取四川省委负责人汇报时指出：农村和城市都有个政策问题。"农民一点回旋余地没有，怎么能行？农村政策、城市政策，中央要清理，各地也要清理一下，零碎地解决不好，要统一考虑。自己范围内能解决的，先解决一些，总要给地方一些机动。"②这时邓小平边调研边思考，提出关于中央和地方，农村和城市、国家和集体、个人之间的有关政策清理、调整问题。

1978年9月，邓小平在东北调查，他一路看一路听汇报，宣传实践是检验真理的唯一标准，高举毛泽东思想旗帜，毛泽东思想也要发展；讲实事求是，理论联系实际，一切从实际出发；"在东北三省到处说，要一心一意搞建设"，发出了"要迅速地坚决地把工作重点转移到经济建设上来"的先声。在听取吉林省委负责人汇报时说：学大寨要实事求是，学它

---

① 《邓小平年谱》第四卷，中央文献出版社2020年版，第238—239页。
② 《邓小平年谱》第四卷，中央文献出版社2020年版，第261页。

们的基本经验，如大寨的苦干精神、科学态度。"大寨有些东西不能学，也不可能学。比如评工记分，它一年搞一次，全国其他人民公社、大队就不可能这样做。取消集贸市场也不能学，自留地完全取消也不能学，小自由完全没有了也不能学。全国调整农业经济政策，好多地方要恢复小自由，这也是实事求是。"①邓小平在调研中讲的这些问题，是多年来困扰农村干部的主要问题，也是影响农民积极性发挥、阻碍农业发展的关键所在。这说明，农村经济政策迫切需要调整。

1979 年 3 月，国家农委召开七省三县农村工作座谈会，集中讨论"包产到组"和"包产到户"的问题。邓小平在会后的一次讲话中说：农村问题很多，一大堆，应该抓住主要的解决，贫困地区总得放宽政策。当时，安徽、四川两省搞包产到户，承受的压力很大。1977 年 6 月，安徽省委第一书记万里一上任就到全省农村调查，在凤阳县亲眼看到过农民扒车外流讨饭的情景。那时，安徽最严重的是外出讨饭问题，万里深感震惊。不久，省委出台了《关于目前农村经济政策几个问题的规定》，提出了加强经营管理，建立生产责任制，允许和鼓励社员经营自留地和家庭副业，尊重生产队自主权等诸多原则，就此拉开了安徽以及整个中国农村改革的大幕。后来，万里回忆说：农村改革这场斗争太激烈了。1979 年，他在北京开会期间曾找到邓小平，邓小平说：你就这样干下去。同年 7 月，邓小平登临黄山，发表了著名的黄山讲话，让为农村改革命运担忧的人们放宽了心。

1980 年 5 月，邓小平在同中央负责同志谈话时明确表示支持包产到户。他说："农村政策放宽以后，一些适宜搞包产到户的地方搞了包产到户，效果很好，变化很快。""'凤阳花鼓'中唱的那个凤阳县，绝大多数生产队搞了大包干，也是一年翻身，改变面貌。有的同志担心，这样搞会

---

① 《邓小平年谱》第四卷，中央文献出版社 2020 年版，第 378 页。

不会影响集体经济。我看这种担心是不必要的。"①同年 9 月，中共中央印发《关于进一步加强和完善农业生产责任制的几个问题》指出，在生产队领导下实行的包产到户是依存于社会主义经济，而不会脱离社会主义轨道的，没有什么复辟资本主义的危险。该文件为包产到户、包干到户正名了，农村改革的步子加快了。

邓小平经过多年到农村调查研究，看到、听到许多农村改革后出现了新气象，更加坚定了农村改革的信心和决心。在他的直接支持和大力领导下，中国农村改革有步骤地全面展开。到 1985 年，延续了二十多年的农村人民公社体制终于退出历史舞台。以家庭联产承包责任制为主的农村改革不仅改变了农村经济社会状况，而且引发和推动了城市改革。中国的经济体制进入全面改革时期。

后来，安徽凤阳县小岗村"大包干"的带头人、当时生产队队长严俊昌在接受采访时表达，如果没有邓小平，就没有小岗的今天，我至少也是"现行反革命"，活不到今天！他以中国农民的朴实话语，表达了对邓小平的钦佩之意和感激之情。

对改革开放伟大决策有不可估量作用的出国考察。新中国成立后，受"冷战"格局影响，中国长期处于同西方世界相互隔绝的状态。随着中美关系突破，又相继突破了中日关系、中国与西欧国家关系，使得中国首次拥有了与经济全球化相联系的战略机遇。翻开《邓小平年谱》第四卷，可以看到自 1977 年 7 月邓小平复出起，经常接见外宾的谈话记录。他认真听取外宾的意见和建议，自信地介绍中国的内政外交。

邓小平高瞻远瞩，具有世界眼光。他年轻时就去法国勤工俭学，后来又到苏联莫斯科中山大学留学，新中国成立后出访过苏联。1974 年 4 月，邓小平作为中国政府代表团团长，参加了在美国召开的联合国大会，向全

---

① 《邓小平文选》第二卷，人民出版社 1994 年版，第 315 页。

世界介绍毛泽东"三个世界"的理论。1975 年 5 月，邓小平正式对法国进行访问，这是中国领导人第一个访问的西方国家，他切身体会到西方国家发生的变化。邓小平对出国考察的益处深信不疑，坚信领导干部走出国门能开阔眼界。

从 1977 年下半年起，中共中央和国务院同意分别派团出国考察。据有关统计，从 1977 年 7 月 1 日到 1980 年 6 月 30 日，派出的部委办代表团出访次数达 360 次、科教经贸代表团出访次数达 472 次。仅在 1978 年这一年里有 13 名副总理级的干部出访约 20 次，共访问了 50 个国家。[1]

1978 年 5 月，时任国务院副总理谷牧率团考察西欧五国，即法国、联邦德国、瑞士、丹麦和比利时，影响更是重大。这是新中国成立后中国首次向发达资本主义国家派出国家级政府经济代表团。临行前的 4 月底，邓小平专门在北京饭店听取汇报，指示："要广泛接触，详细调查，深入研究一些问题。好的也看，坏的也看，看看人家的现代工业发展到什么水平了，也看看他们的经济工作是怎么管的。资本主义国家先进的经验、好的经验，我们应当把它学回来。"[2] 代表团这次出访，从 5 月 2 日开始到 6 月 6 日结束，历时一个多月，这在新中国的历史上是第一次。代表团在西欧五国访问了 25 个主要城市，共参观了 80 多个工厂、矿山、港口、农场、大学和科研单位，看到了五国在第二次世界大战后社会各方面的变化，也看到了我国在工农业生产、交通运输、教育科学技术以及企业管理等方面与他们的差距。6 月下旬，邓小平又找谷牧谈话并表示：引进这件事反正要做，下决心向外国借点钱搞建设，要抓紧时间。[3]6 月 30 日下午 3 点半，中共中央政治局听取了谷牧的汇报，汇报一直进行到晚上 11 点多。汇报

---

[1]　参见《李先念传（1949—1992）》（下），中央文献出版社 2009 年版，第 1049 页。

[2]　《邓小平年谱》第四卷，中央文献出版社 2020 年版，第 305 页。

[3]　参见《邓小平年谱》第四卷，中央文献出版社 2020 年版，第 335 页。

后，到会的中央领导听后大开眼界，对西欧经济社会发展状况深感震惊，对中国加快发展、改变贫穷落后面貌的心情更加迫切，并展开了热烈的讨论。

1978年，74岁的邓小平先后4次出访缅甸、尼泊尔、朝鲜、日本、泰国、马来西亚、新加坡等国家，领导人如此频密地出访，自新中国成立以来都很罕见。那时，中国面对两个重要的问题：一是对抗苏联和越南的威胁，维护国家安全；二是为争取外国对中国现代化提供帮助打下基础。

邓小平复出后负责军事和外交，他此次选择南亚、东南亚之行的重要目的之一：远亲不如近邻，改善与周边国家的关系，向周边国家释疑，争取支持，并消除"文化大革命"的影响。他告诉这些国家的领导人，中国将实施新的侨务政策，提醒这些国家警惕越南在东南亚搞扩张。他选择访问日本和新加坡，是想亲眼"见识"发达资本主义国家现状，包括1979年访问美国，改善中美关系，也是为了争取这些国家对中国现代化提供帮助。

10月，邓小平出访日本，他对东道主说，他来日本的目的有三个：一是互换中日和平友好条约批准文件，二是向几十年来致力于改善中日关系的日本友人表达中方感谢，三是像徐福一样来寻找"仙草"，这里是指日本实现现代化的秘密。邓小平是第一个踏上日本国土访问的中国领导人，在日本民众中引起了震撼性的反响。

在日本参观的四家企业分别是日产汽车、君津制铁所、松下公司和日本造币局。这些都是当时日本最引以为豪的支柱企业。在日产公司，机器人生产的效率相当于当时长春汽车厂的将近100倍。邓小平讲了那句著名的话："我懂得什么是现代化了。"

邓小平在新干线特快列车上的那句话同样被世人熟知："就像推着我们跑一样，我们现在很需要跑。"当时中国火车每小时只有几十公里，新干线列车时速二百多公里。

邓小平乘坐最快的气垫船去了日本钢铁之城君津，这里有新日本钢铁公司最大的一座钢铁厂，同时也是当时世界上最先进的钢铁企业：由于全自动化生产，许多车间里几乎看不到一个工人。邓小平最后问新日铁董事长稻山嘉宽，能不能帮中国建设一个比君津制铁所还好的钢铁厂。稻山嘉宽回答，当然可以。这个"比君津制铁所还好的钢铁厂"就是后来的上海宝钢。

直到临回国时，邓小平仍意犹未尽。他让人把日本现代化的企业和设施拍一些纪录片，"我先看一看"。邓小平访日的电视片随后在国内公开播放，这也是很多中国人第一次目睹世界先进国家的情况。

11 月，邓小平访问新加坡。这是邓小平这一年正式出访的最后一站。他更急迫地想了解造就"新加坡奇迹"的原因。邓小平问，中国要改革、要发展，最重要的问题是什么？李光耀回答，教育。邓小平若有所思地说，中国因为"文化大革命"损失了两代人的教育，影响很大，确实要恢复、要改革。了解新加坡开放和引资的经验，是邓小平访问新加坡的主题之一。邓小平访问了新加坡住房和发展局，听取关于公共住房计划情况的介绍。邓小平在著名的裕廊镇政厅里，听取了裕廊镇管理局主任的介绍。

在新加坡的这两天，显然让他有所心得、念念不忘。1979 年 10 月，邓小平讲道："我到新加坡去考察他们怎么利用外资。新加坡从外国人所设的工厂中获益。首先，外国企业根据净利所交的 35％税额归国家所有；第二，劳动收入都归工人；第三，外国投资带动了服务业。这些都是国家的收入。"直到 1992 年初，他视察南方时还提到要学习新加坡的社会管理经验："新加坡的社会秩序算是好的，他们管得严，我们应当借鉴他们的经验，而且比他们管得更好。"[①]

---

① 《邓小平文选》第三卷，人民出版社 1993 年版，第 378—379 页。

　　1978 年 12 月 13 日，邓小平在中央工作会议闭幕会上作了题为《解放思想，实事求是，团结一致向前看》的讲话。对于管理经济，他说道："自己不懂就要向懂行的人学习，向外国的先进管理方法学习。"[①] 他把在日本、新加坡所见的管理体制一一罗列出来。这个讲话实际上是党的十一届三中全会的主题报告。

　　今天回过头来看，这次全国范围的大规模出国考察，事实上是具有特殊历史意义的调查研究。那时，绝大多数领导干部没有机会出国，对国外情况不了解，接受的教育是"资本主义一天天坏下去，社会主义一天天好起来"。领导干部出国后，看到资本主义国家的现代化交通、发达工业、先进设备、科学管理、高效生产和时尚生活，闻所未闻，见所未见，既异常兴奋，又深感震惊。有的领导干部到日本访问，看到日本用钢板做出薄薄的易拉罐，并绘上五颜六色，装上汽水，感到吃惊。有的领导干部出访西欧，没有见过玻璃门，头常常撞玻璃门；有的拿到冰淇淋，问能不能加热；英国剑桥大学代表团到深圳蛇口访问，有的领导问他们大学一年能建几座桥；等等。新中国成立后，被资本主义国家封锁二十多年，许多干部不了解西方世界的变化，感到如"刘姥姥进了大观园"，不知所措！美国、欧洲、日本在新科技革命推动下经济快速发展，中国与世界经济发展差距进一步拉大。形势迫使我国广大干部知耻后勇，奋力争先。

　　邓小平在 1978 年底总结出国考察的作用时曾说，最近我们的同志去国外看了看。看得越多，越知道自己多么落后。[②] 在他看来，这种落后的认识是促使改革开放获得支持的关键因素。正如当时的中央副主席李先念在听取谷牧率团访问欧洲五国汇报后所说：组织人员出国考察回来汇报，这也是调查研究，是很重要的调查研究。今天我们完全可以这样说，邓小

---

① 《邓小平文选》第二卷，人民出版社 1994 年版，第 150 页。

② 转引自林重庚：《序言：中国改革开放过程中的对外思想开放》，载吴敬琏编：《中国经济人看 30 年：回顾与反思》，中国经济出版社 2008 年版。

平等中央领导亲自出国考察，或者听取出国考察汇报，真实地了解中国与资本主义发达国家的巨大差距，引起了大家思想上震动和共鸣。这为1978年12月成功召开党的十一届三中全会，顺利作出党和国家工作重心转移到经济建设上来、实行改革开放的伟大决策起到不可估量的作用。

在调查研究中形成和完善现代化"三步走"发展战略。20世纪50年代，毛泽东对中国现代化目标就有个规划。他豪迈地说，在新中国成立100周年时，中华民族应当为人类作更大的贡献。1964年，周恩来总理在三届全国人大提出建设现代农业、现代工业、现代国防和现代科学技术的四个现代化目标。1975年，周恩来总理在四届全国人大提出，在不太长的历史时期内，在我国建立一个独立、比较完整的工业体系和国民经济体系，实现四个现代化，把我国建设成为社会主义现代化强国。这个"在不太长的历史时期内"，大概就是从当时到2000年。

进入改革开放新时期，邓小平通过出国访问、听取出国访问团汇报、频繁接见外宾、研究国外材料等方式，深刻了解中国与资本主义国家的差距。1979年10月4日，邓小平指出："我们开了大口，本世纪末实现四个现代化。后来改了个口，叫中国式的现代化，就是把标准放低一点。"他还说，根据澳大利亚的一个统计材料，1977年，国民生产总值按人均算，第一位是科威特，为11000多美元。第二位是瑞士，1万美元。第三位是瑞典，9400多美元。第四位是挪威，8800多美元。第五位是美国，8700多美元。中国当时不到300美元。[①]1979年12月6日，邓小平在会见日本首相大平正芳时，第一次提出了"小康"概念。邓小平说："我们要实现的四个现代化，是中国式的四个现代化。我们的四个现代化的概念，不是像你们那样的现代化的概念，而是'小康之家'。"[②]日本现代化标准，

---

① 参见《邓小平文选》第二卷，人民出版社1994年版，第194—195页。
② 《邓小平文选》第二卷，人民出版社1994年版，第237页。

邓小平是有亲身体验的。在邓小平心目中，中国现代化概念跟日本比，只能算是"小康之家"。

"翻两番"的概念是怎么提出来的呢？ 1980 年，我国人均国民生产总值按 250 美元计算，80 年代十年翻一番，1990 年达到 500 美元，解决人民的温饱问题，这是我国社会主义现代化建设三步走发展战略的第一步目标。90 年代十年，再翻一番，2000 年达到 1000 美元，人民生活达到小康水平，这是我国社会主义现代化建设三步走发展战略的第二步目标。

"翻两番"到底可行不可行，邓小平要到实践中去"算算账"，调查一下实际可能性。1980 年六七月间，邓小平专门到几个省做了一次调查研究。7 月 22 日，他在赴郑州的途中说："这次出来到几个省看看，最感兴趣的是两个问题，一个是如何实现农村奔小康，达到人均一千美元，一个是选拔青年干部。""对如何实现小康，我作了一些调查，让江苏、广东、山东、湖北、东北三省等省份，一个省一个省算账。我对这件事最感兴趣。八亿人口能够达到小康水平，这就是一件很了不起的事情。你们河南地处中原，你们算账的数字是'中原标准''中州标准'有一定的代表性。"①1982 年 9 月，党的十二大报告根据邓小平的设想，描绘了 20 世纪末"翻两番"、达到"小康水平"的宏伟蓝图。

这个"小康水平"具体标准是什么？能否如期实现？带着这个问题，1983 年春节前夕，邓小平到经济发展较快的江苏、浙江、上海地区再次进行调查研究。

1983 年 2 月 6 日，邓小平抵达苏州。第二天下午就在下榻的宾馆开门见山地向江苏省负责同志了解："到二〇〇〇年，江苏能不能实现翻两番？苏州有没有信心，有没有可能？"

邓小平在听到苏州工农业总产值人均接近 800 美元的汇报后问，达到

---

① 《邓小平年谱》第四卷，中央文献出版社 2020 年版，第 659 页。

这样的水平，社会是一个什么面貌？发展前景是什么样子？江苏的同志向邓小平具体汇报了六条：人民的吃穿用问题解决了；住房问题解决了；就业问题解决了；人不再外流了；中小学教育普及了；人们的精神面貌变化了。

邓小平为苏州取得的成绩兴奋不已。之后，邓小平又到杭州、上海等地调研。这次三个星期的调查研究，坚定了邓小平对"翻两番"、实现小康目标的信心。回到北京后，3月2日，他同几位中央负责同志谈话，介绍了调研时了解到的"小康水平"的社会状况和六条标准，高兴地说："看来，四个现代化希望很大"。

后来，邓小平为中国设计了我国现代化第三步的发展蓝图。1986年9月23日，他在会见一位外宾时时说："到下个世纪中叶达到中等发达国家水平后，我们就可以为第三世界国家做更多的贡献。"①1987年10月，党的十三大，根据邓小平的设想，正式提出我国社会主义初级阶段经济建设三步走的部署。第三步即到21世纪中叶人均国民生产总值达到中等发达国家水平，人民生活比较富裕，基本实现现代化。

从上我们可以清楚地看到，邓小平在设计现代化建设三步走的宏伟蓝图过程中，一边坚持进行调查研究，一边逐步形成和完善蓝图设计，并且带有用数字来"算账"的鲜明特色。

在特区建设遇到困难、遭到非议时，邓小平深入调查研究，提出解决困惑、扩大对外开放的新政策。1979年4月，在中共中央工作会议期间，邓小平对广东省委领导习仲勋、杨尚昆提出的在邻近香港、澳门以及汕头举办加工区的意见，表示同意。并说："还是叫特区好，陕甘宁开始就叫特区嘛！中央没有钱，可以给些政策，你们自己去搞，杀出一条血路来。"中央工作会议正式讨论了广东省的意见。7月15日，我国决定在深

---

① 《邓小平年谱》第四卷，中央文献出版社2020年版，第438页。

圳、珠海、汕头、厦门试办特区。1980 年 5 月 16 日，中共中央、国务院正式将"特区"定名为"经济特区"。① 在新中国试办经济特区，是前无古人的创新伟业。四年来，特区的建设热火朝天，成绩巨大。但是，非议一直伴随着特区建设整个过程，尤其对深圳经济特区非议最大。

关于深圳经济特区怎么建设、怎么开发，在广东省、在深圳市的领导中始终有不同意见。当然，总的是希望中央加快改革不合理的经济体制，进一步下放权力，对实践证明行之有效的政策要保持稳定性。

对深圳经济特区建设实践效果怎么看，国内国外更是一直非议不断。诸如：深圳经济特区引进外资和设备有很大盲目性，同外商打交道吃亏，经济管理混乱，引进企业职工收入太多，走私贩私、贪污受贿猖獗，等等。

特区这个决策对不对？ 特区还要不要办下去？ 1984 年春节前夕，为实地看看牵挂已久的特区问题，邓小平决定亲自到广东去看一看。刚到深圳时，他就说，"办经济特区是我倡议的，中央定的，是不是能够成功，我要来看一看。"② 邓小平说的亲自看看，也就是亲自去调查研究。

在视察深圳过程中，邓小平说话很少，主动发表意见也很少，主要是听听、看看、走走。1 月 24 日下午，听完市委汇报后，他说："这个地方正在发展中，你们讲的问题我都装在脑袋里，我暂不发表意见，因为问题太复杂了，对有些问题要研究研究。"③ 参观深圳市容途中，时任深圳市委书记、市长的梁湘告诉邓小平，现在深圳三五天可以盖一层楼房。邓小平对深圳速度留下深刻印象。

邓小平一行登上罗湖商业区 22 层高的国际商业大厦天台，俯瞰建设

---

① 《邓小平年谱》第四卷，中央文献出版社 2020 年版，第 510 页。
② 《邓小平年谱》第五卷，中央文献出版社 2020 年版，第 252 页。
③ 《邓小平年谱》第五卷，中央文献出版社 2020 年版，第 252 页。

中的罗湖新城区。许多高楼正在建设中，到处是吊机伸出的长长巨臂。眼前火热的建设情景感染着邓小平。

邓小平参观中国航空技术进出口公司深圳工贸中心，听取关于引进国外先进技术生产电脑设备和软件的汇报。

邓小平参观渔民村，看到这个村先富起来的情况后说：经过长期奋斗，全国广大农村都可以达到这样的生活水平。

邓小平视察招商局蛇口工业区，听取工业区董事长、总指挥袁庚汇报。在听到工业区党委副书记才三十多岁时说：现代化没有年轻人不行，要鼓励年轻人挑起重担，多干工作。

邓小平在深圳调查期间，对深圳特区建设没有表态、没有题词，1月26日下午前往珠海。

1月29日上午，邓小平前往珠海特区视察，听取珠海市委领导关于特区工作的汇报，参观正在兴建中的九洲港、直升机、石景山旅游中心、拱北海关和香洲毛纺织厂、狮山电子厂和珠海市市容。中午，为珠海经济特区题词："珠江经济特区好。"

2月1日，邓小平在广州欣然提笔为深圳经济特区题词："深圳的发展和经验证明，我们建立经济特区的政策是正确的"①。将落款日期写为离开深圳的1月26日。

邓小平对深圳经济特区的充分肯定大大鼓舞了深圳广大干部和群众的精气神，各种非议暂时停止了，特区建设者又开始热火朝天地干起来了，深圳迎来了历史发展的新机遇。深圳人对邓小平由衷感激，他们认为，没有邓小平，深圳不可能成为经济特区；没有邓小平，深圳经济特区在建设初期就要被停办。

之后，邓小平到厦门特区、上海市视察。回到北京后，邓小平在2月

---

① 《邓小平文选》第三卷，人民出版社1993年版，第239页。

24 日的谈话中指出："我们建立经济特区，实行开放政策，有个指导思想要明确，就是不是收，而是放。"① 他提出：除现在的特区之外，可以考虑再开放几个港口城市。1984 年 3 月 26 日至 4 月 6 日，中央召开沿海部分城市座谈会，决定厦门特区扩大到全岛，进一步开放大连、青岛等 14 个沿海港口城市。

从邓小平这次视察南方，我们可以看到，正当经济特区在实践中遇到困难、遭到非议的时候，邓小平亲自调查研究，作出判断，充分肯定特区建设成绩，并且进一步提出扩大对外开放新政策。

在中国特色社会主义建设面临严峻形势时亲自调查研究，发表重要谈话，掀起了新一轮改革开放的热潮。20 世纪 80 年代末 90 年代初，国内发生严重政治风波，国际上东欧剧变、苏联解体，世界社会主义运动出现严重曲折。中国特色社会主义发展面临巨大的困难和压力。

国际上议论纷纷，西方世界经历了"狂欢"，美国学者福山写的《历史的终结》名躁一时，"中国崩溃论"不绝于耳。

国内也有各种担心、忧虑，有人对中国社会主义前途缺乏信心；有人对我国改革开放产生怀疑，提出姓"资"还是姓"社"的疑问。各级领导思想上的困惑、疑虑，西方多年的制裁，使我国改革开放节奏有所放慢，经济发展速度滑坡，多年保持在 5% 上下，中国特色社会主义又一次站在十字路口。中国向何处去？中国改革开放向何处去？中国经济特区还要不要办下去？成为举世瞩目的焦点。

1992 年初，88 岁的邓小平已经不担任党内任何职务，但是，他怀着对党和人民高度负责的精神，视察武昌、深圳、珠海、上海等地。他目睹深圳、珠海和其他一些地方的巨大变化，增加了信心，并发表重要谈话，阐发了一系列全新的思想，从理论上深刻回答了长期困扰和束缚人们思想

---

① 《邓小平文选》第三卷，人民出版社 1993 年版，第 51 页。

的许多重大理论和实践问题。

比如，社会主义本质的问题，党的基本路线一百年不动摇的问题，稳定和完善党的十一届三中全会以来路线、方针、政策的问题，改革开放姓"资"还是姓"社"的问题，计划和市场的问题，先富和共富的问题，"左"和右的问题，发展速度、质量和效益的问题，两手抓、两手都要硬的问题，选拔社会主义接班人的问题，马克思主义和社会主义前途的问题，等等。邓小平视察南方的重要谈话是继党的十一届三中全会主题报告后，把改革开放和社会主义现代化建设推向新阶段的又一个解放思想、实事求是的宣言书。

1992 年 10 月，党的十四大以邓小平视察南方的重要谈话精神为指导，提出了 20 世纪 90 年代抓住机遇、加快改革开放、推动经济发展和社会全面进步的主要任务，明确了建立社会主义市场经济体制的主要目标，要求用邓小平同志建设有中国特色社会主义理论武装全党、指导工作。

邓小平视察南方的重要谈话和党的十四大作出的一系列重大部署，掀起了中国改革开放新一轮的热潮，有力地促进了中国特色社会主义在世界社会主义低潮中奋起，人民生活持续向更好的方向发展。

我们从中可以看出，邓小平这次在国际、国内面临严峻复杂形势下视察南方，调查研究，发表重要谈话，对中国特色社会主义在困境中稳住阵脚，奋发进取，有着多么重大的作用！

以江泽民同志为主要代表的中国共产党人高度重视调查研究。1989年春夏之交，我国发生了政治风波。1989 年 6 月，江泽民在党的十三届四中全会上当选为中共中央政治局常委、中央委员会总书记。此时正值国际国内风云变幻之际，可以说受命于危难之时。江泽民知识渊博，经历丰富，熟悉多国语言，善于坚持调查研究。他提出的凡属重大问题都要按照"集体领导、民主集中、个别酝酿、会议决定"的原则，经过实践检验，这个原则已经写入了《中国共产党章程》。

1992 年 10 月召开的党的十四大充分体现了邓小平南方谈话的重要精神，要求用邓小平同志建设有中国特色社会主义理论武装全党，提出了 20 世纪 90 年代抓住机遇、加快改革开放、推动经济发展和社会全面进步的主要任务，明确了建立社会主义市场经济体制的主要目标。

党的十四大后，各方面积极性空前高涨，国民经济保持强劲发展势头，以建立社会主义市场经济体制为目标的各项改革深入进行，各项事业取得了新进步，总的形势很好，但在前进中也存在一些不可忽视的问题，比如，全民经商热潮兴起，部分机关、部队开始经商。有些地方形成搞开发区、搞房地产热潮。通货膨胀显现，菜篮子、米袋子价格上涨，等等。在这种情况下，为了保证决策的科学制定和有效执行，及时解决前进中存在的问题，特别需要加强调查研究。1993 年 7 月 5 日，中央召开了全国省、自治区、直辖市党委政研室主任会议，江泽民号召大兴调查研究之风，首次提出没有调查就没有决策权。江泽民关于调查研究论述比较多，下面，略举两个江泽民通过调查研究进行科学决策的事例。

在建立社会主义市场经济体制决策和实施中深入开展调查研究。江泽民在党的十四大报告中首次公开提出"建立社会主义市场经济体制"。这是中国特色社会主义的重大理论和实践创新，是社会主义基本经济制度的重要组成部分。这个重大命题是江泽民经过多次深入调查研究提出的。

关于计划和市场的关系，是新中国成立后我们党在探索社会主义道路过程中就遇到的一个重大理论和实践问题。那时的政治经济学教科书写着，计划经济是社会主义经济的一个重要特征。党的十一届三中全会后，我们党对计划和市场关系的认识不断深化。党的十二大提出以计划经济为主、市场调节为辅。党的十二届三中全会通过的《关于经济体制改革的决定》，提出我国社会主义经济是"公有制基础上的有计划的商品经济"。党的十三大提出社会主义有计划商品经济的体制应该是计划与市场内在统一的体制。邓小平视察南方谈话中强调："计划多一点还是市场多一点，不是社会主义与资本主义的本质区别。计划经济不等于社会主义，资本主义也有计划；市场经济不等于资本主义，社会主义也有市场。计划和市场都是经济手段。"①这里讲的是党的正式文件中的一些提法，学术界、理论界的意见和提法更多。

那时，全党经过学习邓小平南方谈话重要精神，在计划和市场、建立新经济体制问题的认识上有一些新提法。大体有这么几种：一是建立计划与市场相结合的社会主义商品经济体制，二是建立社会主义有计划的市场经济体制，三是建立社会主义的市场经济体制。上述这几种提法，究竟哪一种切合我国经济实际呢？ 1992 年 6 月 9 日，江泽民在指导起草党的十四大报告的过程中，主张我国经济体制改革的目标使用"社会主义市场经济体制"这一提法，觉得使用这个提法"是可以为大多数干部群众所接受的。虽然这是我个人的看法，但也与中央一些同志交换过意见，大家基本上是赞成的"。②6 月 12 日，邓小平同江泽民谈话，赞成使用"社会主义市场经济"这个提法。③ 同年 10 月，党的十四大报告正式把建立社会主义市场经济体制明确为我国经济体制改革的目标，并强调社会主义市场经济体制是同社会主义基本制度结合在一起的。

邓小平南方谈话和党的十四大之后，我国改革开放和社会主义现代化建设步伐加快，经济出现过热现象。中央在调查研究基础上提出加强宏观调控，突出抓金融工作的建议。1993 年 6 月 24 日，中共中央、国务院印发《关于当前经济情况和加强宏观调控的意见》。《意见》指出：我国经济在继续大步前进中也出现了一些新的矛盾和问题，提出了严格控制货币发行、稳定金融形势等 16 条加强和改善宏观调控的措施。同年 11 月，党的

---

①  《邓小平文选》第三卷，人民出版社 1993 年版，第 373 页。
②  《江泽民文选》第一卷，人民出版社 2006 年版，第 202 页。
③  参见《邓小平年谱》第五卷，中央文献出版社 2020 年版，第 645 页。

十四届三中全会通过《中共中央关于建立社会主义市场经济体制若干问题的决定》，勾画了建立社会主义市场经济体制的基本框架。

之后，江泽民就如何贯彻建立社会主义市场经济体制这个经济改革新目标，进行系统调查研究，提出新思想，不断完善经济体制改革目标。比如，1996 年 9 月 23 日，江泽民在中央扶贫开发工作会议上的讲话中提出："各级党政第一把手要亲自组织指挥本地区的扶贫攻坚战。省委书记、省长，地市委书记、专员、市长，县委书记、县长，都要亲自调查研究、安排部署、组织协调、督促检查。"①1998 年 6 月 2 日，江泽民在中共中央举办的第二期中共中央委员和候补中央委员学习邓小平理论和十五大精神研讨班上的讲话中强调："所有领导干部都要经常深入群众、深入实际，认真调查研究，认真倾听群众的呼声、要求和意见，努力把群众创造的经验总结出来，努力找到解决问题的有效办法，并依靠群众加以解决。"②1999 年 8 月 12 日，江泽民在大连主持召开东北和华北地区国有企业改革和发展座谈会时指出："各级干部特别是领导干部都要深入实际，调查研究，努力认识和掌握经济工作和国有企业改革和发展中带规律性的东西。"③在深入调查研究中提出"三个代表"重要思想。2000 年 2 月，江泽民在出席广东高州市领导干部"三讲"教育动员大会时，就中国共产党代表先进生产力和先进文化问题，首次进行了阐述。同期，他在广东考察期间，完整地提出"三个代表"重要思想，"我们党所以赢得人民的拥护，是因为我们党在革命、建设、改革的各个历史时期，总是代表着中国先进生产力的发展要求，代表着中国先进文化的前进方向，代表着中国最广大人民的根本利益"。

2000 年 5 月至 2001 年 6 月，江泽民分别到多地考察并主持召开近 30

①《江泽民文选》第一卷，人民出版社 2006 年版，第 560 页。
②《江泽民文选》第二卷，人民出版社 2006 年版，第 146 页。
③《江泽民文选》第二卷，人民出版社 2006 年版，第 391 页。

次党建工作座谈会，广泛听取意见。比如，在市场经济条件下，出现了许多新经济组织、新社会组织，党的领导如何实现全覆盖。比如，我国工人、农民和其他社会阶层，在就业、分配等方面出现了多样性，党如何按照效率优先、兼顾公平的原则更好地代表全体人民的根本利益和不同社会群体的具体利益。再比如，当时全国有私营企业近 150 万户，个体工商户 3100 多万户，从业人员 8200 多万人，党如何积极鼓励和引导非公有制经济健康发展，把这些领域的群众团结和组织在党的周围。"据不完全统计，目前全国百分之八十三点三的私营企业中没有党员，已建立党组织的仅占企业总数的百分之一点四，相当一部分企业有党员但没有党组织。"①类似这样的问题，全国还有不少。

同时，江泽民非常重视吸取党的建设历史经验。当时，中央党校组织力量就党的建设有关课题，特别是加入中国共产党的条件进行研究。党校专家在研究中认真学习了 1935 年 12 月 25 日，中央政治局瓦窑堡会议通过的《中共中央关于目前政治形势与党的任务的决议》。这个《决议》首次明确提出："中国共产党是中国无产阶级的先锋队。他应该大量吸收先进的工人雇农入党，造成党内的工人骨干。同时中国共产党又是全民族的先锋队，因此一切愿意为着共产党的主张而奋斗的人，不问他们的阶级出身如何，都可以加入共产党。"②这就破解前所未有的党建难题，打破了入党"唯成分论"的束缚，为党的发展壮大和成功夺取全国政权打下了坚实基础。全国党员由第五次反"围剿"失败后的 4 万多人，迅速发展到 1940 年底的 80 多万人。党的《决议》关于中国共产党性质的阐述、党在发展党员方面打破"唯成分论"束缚的成功历史经验，更加坚定了江泽民提出"三个代表"重要思想的信心和决心。

---

① 《江泽民文选》第三卷，人民出版社 2006 年版，第 20 页。
② 《建党以来重要文献选编（一九二一——一九四九）》第十二册，中央文献出版社 2011 年版，第 549 页。

其间，江泽民在中央召开的不同会议上，从不同角度对新形势下加强和改进党的领导问题进行阐述，不断丰富完善"三个代表"重要思想。2001年7月，在庆祝中国共产党成立80周年大会上，江泽民系统阐述了"三个代表"重要思想的科学内涵。党的十六大提出，"三个代表"重要思想是我们党长期坚持的指导思想，并把它写入党章。

"三个代表"重要思想进一步扩大了我们党的阶级基础和群众基础，是我们党的指导思想，是马克思主义中国化的新成果。

江泽民要求各级党委要按照中央的部署，全面抓好党的建设的各项工作，特别是要把"三个代表"要求贯彻落实到党的基层组织建设的各项工作中去。他强调："加强新时期党的建设，落实'三个代表'要求，首先要进行调研，摸清情况。""从现在起，全党上下应该用一年左右的时间，深入基层，深入群众，调查研究，总结实践，为加强新时期党的建设做好基础性工作。"①

以胡锦涛同志为主要代表的中国共产党人强调全党继续高度重视调查研究。2002年11月召开的党的十六大，从经济、政治、文化等方面，勾画了全面建设小康社会的宏伟蓝图，回答了关系党和国家长远发展的一系列重大理论和实践问题，对改革开放和社会主义现代化建设各方面工作作出了全面规划和部署。党的十六届一中全会选举产生了以胡锦涛同志为总书记的中央领导集体。

胡锦涛出生于江苏的一个普通家庭，从清华大学毕业后，到西北甘肃省工作十多年，经受了艰苦环境的考验。1985年，胡锦涛担任中共贵州省委书记，年轻有为的他治黔有方。1988年，西藏拉萨市出现暴力事件，胡锦涛受命于危难之际，担任中共西藏自治区委书记，坚决拥护国务院发布的戒严令，依靠广大党员、干部和群众，有力维护拉萨市稳定。1992年10

---

① 《江泽民文选》第三卷，人民出版社2006年版，第30、31页。

月，胡锦涛在党的十四届一中全会当选为中共中央政治局常委、中央书记处书记。这些曲折丰富的经历，使他养成了重视调查研究活动、进行集体决策的意识和行动。

党的十六大以来，以胡锦涛同志为总书记的党中央继承和发扬了我们党调查研究的优良传统。胡锦涛提出"调查研究是谋事之基、成事之道，是我们党一贯坚持的工作方法"的重要论断，提出"各级领导干部要坚持深入基层，深入群众，深入第一线，围绕改革发展稳定的一些重要问题，开展系统的调查研究，了解真实情况，掌握工作主动权"的明确要求。他强调要坚持和完善调查研究制度，深入群众、深入基层、深入实际，不断提高根据实际情况分析问题、解决问题的能力。要通过广泛深入的调查研究，切实提高思想认识水平，切实提高政策水平，切实提高工作水平。胡锦涛高度重视调查研究，他率先垂范，以身作则，经常深入到基层一线作调查研究。在西柏坡、井冈山、延安等革命老区，在许多省、自治区、直辖市的田间地头和工厂矿区都留下了他的足迹。这里，略举两个他通过调查研究提出科学决策的事例加以说明。

坚持科学发展观是在调查研究基础上提出的。新世纪新阶段，随着经济体制深刻变革，社会结构深刻变动，利益格局深刻调整，思想观念深刻变化，这种空前的变化给我国发展带来巨大活力，也带来一些新问题。这些新问题主要是：经济结构不合理和粗放型经济增长还没有根本改变；城乡、区域、经济社会发展不协调；人口资源增长压力加大；就业、社会保障、教育、医疗等民生问题比较突出。2003 年 2 月中下旬开始的非典疫情对人民群众身体健康和生命安全构成严重威胁。党中央、国务院带领人民取得了抗击非典的重大胜利，同时保持了经济发展的良好势头。

这场非典是突然发生的灾害，引起了胡锦涛和其他中央领导人对影响经济社会发展的突出矛盾和问题的思考。这主要有：我国经济发展和社会发展，城市发展和农村发展、区域发展不够协调；公共卫生事业发展滞后，公共卫生体系存在缺陷；突发事件应急机制不健全，处理危机能力不强。问题的关键是要解决实现什么样的发展、怎样发展的问题。党中央正确判断我国发展的阶段性特征，强调要解决中国的发展问题，必须牢固树立和认真落实科学发展观。

2003 年 4 月，胡锦涛在广东考察时提出要坚持全面的发展观。同年 8 月底 9 月初，胡锦涛在江西考察时明确使用"科学发展观"概念，提出要牢固树立协调发展、全面发展、可持续发展的科学发展观。2003 年 10 月，党的十六届三中全会通过的《关于完善社会主义市场经济体制若干问题的决定》，第一次在党的正式文件中完整地提出了科学发展观，强调坚持以人为本，树立全面、协调、可持续的发展观，是深化经济体制改革的指导思想。至此，科学发展观作为一个重大战略思想已经初步形成。党的十七大决定，把科学发展观写入党章，确定了其在全党的指导地位。

胡锦涛要求把科学发展观贯穿于发展的整个过程和各个方面，"各级党委、政府和领导干部都要把树立和落实科学发展观作为求真务实的着力点，在树立和落实科学发展观中坚持求真务实，用求真务实的作风来树立和落实科学发展观"①。

构建社会主义和谐社会战略目标也是在深入调查研究基础上提出的。党的十一届三中全会后，经过改革开放和现代化建设，我国社会总体上是和谐的，但是也存在不少影响社会和谐的矛盾和问题。主要是：农民增收困难，就业压力较大，经济发展和人口、资源、环境的矛盾十分突出，社会生产力发展仍然面临许多体制性障碍，统筹协调各方利益难度加大，社会组织和管理面临新问题，由人民内部矛盾引发的群体性事件时有发生，一些消极腐败现象还在滋生蔓延等，这些都给社会稳定与和谐带来了严重影响。解决这些矛盾和问题，要求党和政府必须坚持以经

---

① 《胡锦涛文选》第二卷，人民出版社 2016 年版，第 185 页。

济建设为中心，把构建社会主义和谐社会摆在更加重要的位置。

2005 年 2 月 19 日，胡锦涛在党中央举办的省部级主要领导干部提高构建社会主义和谐社会能力专题班上讲话指出，我们所要建设的社会主义和谐社会，应该是民主法治、公平正义、诚信友爱、充满活力、安定有序、人与自然和谐相处的社会。2 月 21 日下午，中共中央政治局进行第二十次集体学习，胡锦涛主持并强调，要加强对构建社会主义和谐社会重大问题的调查研究和理论研究，着力提高构建社会主义和谐社会的本领，把社会主义和谐社会建设的各项工作落到实处。

天下和，民心安。适应新时期党和国家继续深化改革开放的新要求，2006 年 10 月，党的十六届五中全会审议通过《中共中央关于构建社会主义和谐社会若干重大问题的决定》，提出了和谐社会的目标和主要任务，使中国特色社会主义事业总体布局由经济建设、政治建设、文化建设"三位一体"，发展成为经济建设、政治建设、文化建设、社会建设"四位一体"，丰富了改革开放和社会主义现代化建设内涵。

党中央在构建社会主义和谐社会方面出台了许多实质性举措，比如，统筹城乡发展，出台系列强农惠农富农政策，以工业反哺农业和城乡一体化为内核的新"三农"政策体系逐步确立，社会主义新农村建设取得举世瞩目的成就。2006 年 1 月 1 日起，废止征收农业税，减轻农民负担，在中国有 2600 多年历史的农业税正式退出历史舞台。比如，建设和健全覆盖全国的公共卫生和疾病防控体系，人民群众健康权益得到保障。积极推进医疗卫生体制改革，切实缓解"看病难""看病贵"问题。加强公共卫生体系建设，城乡居民受到更加均等化的基本公共卫生服务，国民健康指标持续改善。"十一五"期间，中国人均预期寿命从 72 岁提升至 73 岁，总体处于发展中国家前列。再比如，加大社会保障制度建设方面作出一系列重大部署，至 2012 年，新型农村合作医疗、城镇居民基本医疗保险、城镇职工基本医疗保险三项基本医疗保险制度参保覆盖率超 95％，参加人数超过 13 亿人。从"小病靠扛，大病看天"，到社会保障全覆盖，中国正向着人人享有社会保障的目标迈进。

## 新时代重大决策的必经程序

习近平出身于革命家庭，年轻时上山下乡，到陕西省延川梁家河大队当知青七年，担任党支部书记。他每天和农民在一起劳动生活，磨炼意志，立志终身为人民服务。后来，他先后担任河北正定县委书记、厦门市副市长、福建宁德地委书记、福州市委书记、福建省省长、浙江省省长、浙江省委书记、上海市委书记等职务。2007 年 10 月，习近平在党的十七届一中全会上当选为中共中央政治局常委、中央书记处书记。2012 年 11 月，习近平在党的十八届一中全会上当选为中共中央政治局常委、中共中央总书记。

习近平从最基层的大队党支部书记做起，一直到县、地（市）、省级主要领导岗位，直至中共中央政治局常委、中共中央总书记，他都经历过。回顾习近平总书记的从政经历，不难发现，他总是在深入调查研究的基础上认识和解决问题。

在河北正定县，他跑遍全县 25 个乡镇、221 个村；

在福建宁德地区，他到任三个月就走遍 9 个县；

赴任浙江省，他用一年多时间跑遍全省 90 个县（市、区）；

在上海市仅七个月，他到过全市 19 个区县；

担任党的总书记以来，他的足迹更是遍布大江南北、长城内外。

他担任村党支部书记、县委书记、地委书记、省市委书记，一直到总书记，始终坚持深入群众中间，开展调查研究活动。他曾经说过，县委书记要跑遍所有村，地委书记要跑遍所有乡镇，省委书记要跑遍所有县

（市、区）。

习近平总书记的"跑"，不是走马观花、摆摆样子，而是沉下去摸实情、办实事。

他在正定县工作时，经常骑一辆老式凤凰牌"二八"自行车下乡调研，每次骑到滹沱河沙滩就扛着自行车走；到厦门市工作后，他又买了一辆"武夷"牌自行车，仍是骑着车四处调研。这样的方式虽然辛苦，但能深入一线，把情况摸准摸透，真正做到胸中有数。

从正定县"半城郊型"经济的发展路子到闽东地区"弱鸟先飞""滴水穿石"的奋斗精神，从谋划福州市"3820"战略工程到以"八八战略"引领浙江省改革发展……

习近平在地方工作期间提出的一系列战略规划，都是从深入调研中得来的。

## 深入调查研究，形成正定县"半城郊型"经济的发展路子

1982 年 4 月，年仅 28 岁的习近平担任中共正定县委副书记。1983 年 7 月，习近平担任中共正定县委书记。他深入正定调查研究，了解到正定老城正好位于距离石家庄市 15 公里的位置上，处在城市和农村中间过渡的地带；同时，了解到正定多年实行经济上农业单打一、农业上粮食单打一模式，导致"高产穷县"的状况，提出正定应该走"半城郊型"经济的发展路子。习近平带领全县人民大胆改革，走"半城郊型经济"发展之路。由此，正定大地掀起了前所未有的经济发展热潮，实施改革兴县、工业兴县、科技兴县、人才兴县、文化兴县、旅游兴县，全县上下形成了"党风正、干群和、干劲大、硕果丰"的大好局面，正定甩掉了"高产穷县"的帽子，逐渐步入发展快车道。从那时到现在已经四十年了，正定一直在沿着这条路子走，经济社会一直保持着良好的发展态势。这说明当时

习近平提出的发展路子是正确的，是符合正定实际的。

### 深入调查研究，总结出了宁德地区闽东地区"弱鸟先飞""滴水穿石"的奋斗精神

1988 年 7 月，时任中共宁德地委书记的习近平就带领工作人员，经过一个多月调查，了解宁德的发展。他研究总结出宁德有"三个三"：三大特点、三大弱点、三大优势。三大特点是：革命老区、少数民族畲族聚集区、全省的贫困区。三大弱点是：交通闭塞、没煤少电、群众思想观念落后。三大优势是：革命老区的政治优势、山海经济资源优势、人民的淳朴风气和艰苦奋斗精神。此次调研形成了《摆脱贫困》书中的开篇之作——《弱鸟如何先飞——闽东九县调查随感》的调研报告。报告指出，要根据宁德实际寻求自身的发展道路，不要有超越现实的想法，不能急于求成，要有"滴水穿石"的精神，久久为功，还要有"弱鸟先飞"的创新思路，先行先试，这些观念构成了"闽东精神"。习近平在宁德工作期间，紧紧抓住闽东的三大特点，着眼克服三大弱点，努力发挥三大优势，给闽东经济发展明确了前进方向，打下了坚实的基础。

### 深入调查研究，谋划福州市"3820"战略工程

1990 年 4 月，习近平调任中共福州市委书记。他立即带领市委、市政府领导班子开展调研，深入基层寻策问计，精心谋划福州发展蓝图。1992 年春，邓小平视察南方并发表重要谈话。习近平在 1992 年 5 月召开的中国共产党福州市代表会议上强调："必须加快经济建设步伐，做到每三至五年上一个新台阶，尽快改变港澳粤闽台南中国海区域内我们处于'后排就座'的状况。"为此，专门成立课题组，习近平亲自负责，开展福

州市二十年发展战略研究。

此后半年，课题组赴广东、海南、上海、山东、江苏、北京等地实地考察、深入调查研究。一些国内先进城市发展经验被融入福州的战略设想中。课题组还深入全市各地各部门调查研究。1992 年 7 月，在《福州晚报》上开辟了"怎样赶上亚洲'四小龙'"专栏，广泛发动市民参与讨论。

课题组对调研成果充分论证、集思广益，多次召开有市委、市人大、市政府、市政协、民主党派有关负责人，省、市理论界和科技界专家学者，市直有关部门及县（市）区领导，市大中型企业负责人及基层同志等参加的座谈会，广泛征求社会各界意见。

几经调查研究和民主集中，福州市出台了《福州市二十年经济社会发展战略设想》，并根据 1992 年 10 月召开的党的十四大精神及时进行修订和完善。不久，这一战略设想在 1992 年 11 月召开的市委六届六次全体（扩大）会议上审议通过，根据这一战略设想，市政府进一步修订了《福州市"八五"计划和十年规划》，经市十届人大一次会议审议通过，使之成为全市人民的共同意志。这一战略设想科学谋划了福州三年、八年、二十年经济社会发展的战略目标、步骤、布局、重点等，简称"3820"工程，对世纪之交的福州发展产生了重大而深远的影响。

### 深入调查研究，坚持用"八八战略"引领浙江省改革发展

2002 年 10 月，习近平调任浙江，担任中共浙江省委副书记、代省长。同年 11 月，任中共浙江省委书记。习近平一到浙江，就开始马不停蹄地调查研究。他一路走、一路看、一路听、一路思考，历时 10 个月，走遍全省 11 个市、69 个县（市、区）和大部分省直部门，问计于民、问计于基层。正是在连续的调研中，习近平对浙江各地区各方面各领域的优势和劣势、经验和问题有了更多的感性认识和更深刻的理性思考。21 世纪初，

持续高增长、资源高消耗、产业"低散乱",各种体制性素质性瓶颈逐渐显现,浙江面临着"成长的烦恼"。加上资源短缺"先天不足",浙江经济社会发展到了一个重大关口,"八八战略"就是在这样的历史背景下逐渐在习近平心中酝酿成型。2003 年 7 月,时任浙江省委书记的习近平在中共浙江省委举行第十一届四次全体(扩大)会议上,提出进一步发挥浙江八个方面优势、推进八个方面举措的战略,此谓"八八战略"。这一战略主要指:

一是进一步发挥浙江的体制机制优势,大力推动以公有制为主体的多种所有制经济共同发展,不断完善社会主义市场经济体制。

二是进一步发挥浙江的区位优势,主动接轨上海、积极参与长江三角洲地区合作与交流,不断提高对内对外开放水平。

三是进一步发挥浙江的块状特色产业优势,加快先进制造业基地建设,走新型工业化道路。

四是进一步发挥浙江的城乡协调发展优势,加快推进城乡一体化。

五是进一步发挥浙江的生态优势,创建生态省,打造"绿色浙江"。

六是进一步发挥浙江的山海资源优势,大力发展海洋经济,推动欠发达地区跨越式发展,努力使海洋经济和欠发达地区的发展成为浙江经济新的增长点。

七是进一步发挥浙江的环境优势,积极推进以"五大百亿"工程为主要内容的重点建设,切实加强法治建设、信用建设和机关效能建设。

八是进一步发挥浙江的人文优势,积极推进科教兴省、人才强省,加快建设文化大省。

"八八战略"的提出,标志着浙江改革已从局部突破跨入系统布局、整体推进的新阶段,为浙江开辟了全面协调可持续发展的新赛道。在"八八战略"指引下,浙江几届省委坚持一张蓝图绘到底、一任接着一任干,推动经济社会发展取得了历史性成就。浙江全省地区生产总值从

2002 年的 8000 亿元已跃升至 2022 年的 7.77 万亿元，奠定了全国"挑大梁"经济大省的重要地位；宁波舟山港货物吞吐量连续 15 年居全球第一；浙江在全国率先完成脱贫攻坚任务、农村居民人均可支配收入连续 38 年荣获各省区第一、城乡居民收入差距最小的省份之一、居民主要健康指标接近高收入经济体水平，率先走上探索共同富裕之路。现在浙江成为群众最有获得感、幸福感、安全感的省份之一，在省域层面创造了经济高速发展和社会平安稳定的"两大奇迹"。

"八八战略"来自大量的调查研究，体现出中央精神与浙江实际的结合。正如 2015 年 5 月，习近平总书记在浙江考察时说的那样："我在浙江工作时，省委就提出了'八八战略'。这不是拍脑瓜的产物，而是经过大量调查研究提出来的发展战略，聚焦如何发挥优势、如何补齐短板这两个关键问题。"

2007 年 10 月，习近平当选为中共十七届中央政治局常委。他经常到全国各地调查研究。2011 年 11 月 16 日，他担任中共中央政治局常委、中央党校校长时，在中央党校秋季学期第二批进修班开学典礼上发表重要谈话，专门"谈谈调查研究"。他认为，调查研究是做好领导工作的一项基本功，调查研究能力是领导干部整体素质和能力的一个组成部分。这可能是迄今为止发现的习近平总书记谈论调查研究最全面、系统、深刻的一篇名作。

2012 年 11 月，党的十八届一中全会选举习近平为中共中央政治局常委、中共中央总书记。党的十八大以来，中国特色社会主义进入新时代。新时代十余年来，我国面临的风险挑战、矛盾问题之多，正本清源、治乱祛邪任务之重，攻克堡垒、清除顽瘴痼疾难度之大，实属世所罕见、史所罕见。

从国际看，百年未有之大变局加速演进，世界进入动荡变革期。美国等西方国家担心我国发展会威胁其霸权地位，疯狂对我国进行全领域打压、全球性围堵；突如其来的新冠疫情给人类生命和全球经济社会发展带来巨大冲击；俄乌冲突、巴以冲突又进一步增加了不确定性。这些使我国安全受到严重挑战。

从国内看，经济结构性体制性矛盾突出，"三期叠加"，发展不协调、不平衡、不可持续的问题同时存在，传统发展模式难以为继；民生领域欠账比较多，社会管理存在短板；环境问题比较突出；国家安全风险比较多。

从党内看，存在不少落实党的领导弱化、虚化、淡化问题，"四风"屡禁不止、贪腐问题更是触目惊心，等等。

以习近平同志为核心的党中央，牢牢把握世界百年未有之大变局，紧紧抓住新时代社会主要矛盾的发展变化，聚焦重大战略、重大决策，深入基层、深入群众，加强调查研究，进行民主决策、科学决策，推出一系列新政策、新举措，新时代十余年中国取得了历史性成就，发生了历史性变化。没有调查研究，就没有发言权、没有决策权，调查研究已成为新时代重大决策的必经程序。

2012年12月4日，中共中央政治局审议通过的《关于改进工作作风、密切联系群众的八项规定》，其中第一项规定就强调要改进调查研究。

要改进调查研究，到基层调研要深入了解真实情况，总结经验、研究问题、解决困难、指导工作，向群众学习、向实践学习，多同群众座谈，多同干部谈心，多商量讨论，多解剖典型，多到困难和矛盾集中、群众意见多的地方去，切忌走过场、搞形式主义；要轻车简从、减少陪同、简化接待，不张贴悬挂标语横幅，不安排群众迎送，不铺设迎宾地毯，不摆放花草，不安排宴请。

调查研究已成为每次党内学习教育的重要内容。从党的群众路线教育实践活动到"三严三实"专题教育，从"两学一做"学习教育到"不忘初心、牢记使命"主题教育，从党史学习教育到学习贯彻习近平新时代中国特色社会主义思想主题教育，每一次党内学习教育都对调查研究提出明确要求，调查研究也都成为党内学习教育的重要内容。

习近平总书记系列重要讲话中深刻阐释了调查研究的意义、内涵、方法、途径，并身体力行亲力亲为，为全党重视调研、深入调研、善于调研树立了光辉典范。

党的二十大报告指出："我国发展进入战略机遇和风险挑战并存、不确定难预料因素增多的时期，各种'黑天鹅'、'灰犀牛'事件随时可能发生。我们必须增强忧患意识，坚持底线思维，做到居安思危、未雨绸缪，准备经受风高浪急甚至惊涛骇浪的重大考验。"①

2023 年 3 月，为深入学习贯彻习近平新时代中国特色社会主义思想，全面贯彻落实党的二十大精神，党中央决定，在全党大兴调查研究，作为在全党开展的主题教育的重要内容，推动全面建设社会主义现代化国家开好局起好步。为此，中共中央办公厅印发了《关于在全党大兴调查研究的工作方案》（以下简称《方案》），并发出通知，要求各地区各部门结合实际认真贯彻落实。

《方案》对调查研究的重大意义、基本原则作了系统概括，把调查研究提升到党的执政能力层面考量，提出调查研究"为提高党的执政能力和领导水平服务"；指出"正确的决策离不开调查研究，正确的贯彻落实同样也离不开调查研究"。

《方案》用"五个新"概括大兴调查研究的时代背景，即"我国发展面临新的战略机遇、新的战略任务、新的战略阶段、新的战略要求、新的战略环境"，"迫切需要通过调查研究把握事物的本质和规律，找到破解难题的办法和路径"。

《方案》用"五个是"，从深化理论武装、做到"两个维护"、推进中国式现代化、解决大党独有难题、转变工作作风等方面作出重要论断，将"事关全局的战略性调研"放在突出位置，深化了我们党对调查研究在党和国家事业全局中的重要地位和作用的认识。

---

① 《习近平著作选读》第一卷，人民出版社 2023 年版，第 22 页。

新时代影响决策的因素增多了，决策的时效性增强了，决策的风险性增大了，决策所需要的信息量也增加了。这些都对新时代调查研究工作提出了更高要求。

回顾中国共产党一百多年的历史，什么时候重视调查研究，坚持正确的调查研究，做到主观与客观相统一，党的事业就会顺利发展；什么时候忽视调查研究，没有坚持正确的调查研究，导致主观与客观相脱离，党的事业就会遭受损失。

在新时代新征程上，世界百年未有之大变局加速演进，国内改革发展稳定面临不少深层次矛盾，困难问题比以往更加严峻复杂，我们更应该重视调查研究，运用好调查研究这个重要思想方法和工作方法，心怀"国之大者"，努力做到理论联系实际、主观符合客观，作出科学的决策，推动党的事业向前发展。

# 第二讲　明确总体要求

大兴调查研究是全党开展的学习贯彻习近平新时代中国特色社会主义思想主题教育工作的重要内容，贯彻落实好《方案》，要着力把握好"八个坚持"：坚持党的创新理论指导、坚持党的群众路线、坚持实事求是、坚持问题导向、坚持攻坚克难、坚持系统观念、坚持亲力亲为、坚持工作纪律。

## 坚持党的创新理论指导

《方案》明确提出，在全党大兴调查研究，要坚持以习近平新时代中国特色社会主义思想为指导，全面贯彻落实党的二十大精神，紧紧围绕党的理论和路线方针政策、党中央重大决策部署的贯彻执行，大力弘扬党的光荣传统和优良作风，突出问题导向和目标导向，善于运用党的创新理论研究新情况、解决新问题、总结新经验、探索新规律，扑下身子干实事、谋实招、求实效，使调查研究工作同中心工作和决策需要紧密结合起来，更好为科学决策服务。

中国共产党历来强调，要坚持党的理论、路线、方针、政策，其中坚持党的理论是排在第一位的，路线、方针、政策是在理论指导下形成的。中国共产党建党前夕，毛泽东就指出：革命的人们要实行"主义的结合"。

他说："主义譬如一面旗子，旗子立起来了，大家才有所指望，才知所趋赴。"① 有所指望，回答向何处去；知所趋赴，回答走什么路。中国共产党人立起的旗子，就是马克思列宁主义。中国人民找到马克思列宁主义，中国的面貌就焕然一新。

　　党的二十大报告强调，马克思主义是我们立党立国、兴党兴国的根本指导思想。实践告诉我们，中国共产党为什么能，中国特色社会主义为什么好，归根到底是马克思主义行，是中国化时代化的马克思主义行。习近平新时代中国特色社会主义思想是当代中国马克思主义、二十一世纪马克思主义，实现了马克思主义中国化时代化新的飞跃。我们要搞好调查研究工作，最根本的是必须坚持以习近平新时代中国特色社会主义思想为指导，确保调查研究的正确方向。

　　用来源于实践的党的创新理论指导调查研究实践是天经地义的。毛泽东指出："理论若不和革命实践联系起来，就会变成无对象的理论。"②"实践若不以革命理论为指南，就会变成盲目的实践。"③ 党的理论来自实践，服务人民，同时要接受实践检验，经受人民阅评。习近平新时代中国特色社会主义思想来源于中国社会主义现代化建设的伟大实践，是国际大变局和中国大发展伟大时代的思想结晶。

　　当今世界正处于百年未有之大变局，世界之变、历史之变、时代之变，迫切需要用新的理论引领中国在世界风云激荡中稳步前行。中国国际方位转变，中国的理论使命也发生了重大变化。

　　置身于这样的大时代大背景，完成新时代党的使命任务，需要推动"马克思主义中国化"，从战略和理论上认清世界大势、把握时代潮流，形成更具宏观性、预见性、指导性的战略框架和理论概括，要用中国理论

① 《十八大党章学习读本》，人民出版社 2012 年版，第 34 页。
② 《毛泽东选集》第三卷，人民出版社 1991 年版，第 791 页。
③ 《毛泽东选集》第一卷，人民出版社 1991 年版，第 293 页。

解决自身的难题，引领中国号巨轮乘风破浪、行稳致远，确保以不可逆转之势稳步实现中华民族伟大复兴。

同时，也要推动"中国马克思主义世界化"，用中国方案解决人类面临的共同难题：发展赤字、治理赤字、文明赤字、和平赤字、人类文明形态等。与马克思主义中国化的其他理论成果不同，习近平新时代中国特色社会主义思想包含更多关乎整个世界的内容，为解决人类面临的共同难题提供了更多中国方案。

我国社会主要矛盾发生历史性变化，需要满足人民对美好生活的向往、破解发展不平衡不充分问题，中国特色社会主义进入新时代。新时代是一个需要理论而且一定能够产生理论的时代，是一个需要思想而且一定能够产生思想的时代。

面对快速变动的世界和深刻变化的中国，以习近平同志为主要代表的中国共产党人，紧紧围绕新时代党的使命任务，深刻总结并运用党的历史经验，从新的实际出发，提出一系列原创性的治国理政新理念新思想新战略，深刻回答中国之问、世界之问、人民之问、时代之问，创立了习近平新时代中国特色社会主义思想。

十多年来，我们党在理论上的最大收获、最大成果，就是创立了习近平新时代中国特色社会主义思想。党的十九大报告、党的十九届六中全会通过的《中共中央关于党的百年奋斗重大成就和历史经验的决议》、党的二十大报告等重要文献对这一思想的时代背景、核心内容、科学内涵、历史地位和实践要求作出了深刻系统的阐述，党的全国代表大会将这一思想写进党章，全国人民代表大会将这一思想载入宪法，标志着我们党和国家的指导思想又一次实现了与时俱进。新时代的实践证明，党的创新理论在指导实践、推动实践中展现出巨大真理力量和独特思想魅力，是经实践检验、富有实践伟力的强大思想武器。用这一思想指导调查研究实践，是调查研究题中应有之义，是天经地义的，更是中央的明确要求。它来源于实践，同样要接受实践检验，并在实践检验中推动实践发展，不断开辟马克思主义中国化时代化的新境界。

具体地说，用党的创新理论指导能够使调查研究工作更好地为科学决策服务。理论是行动的指南。学习的目的全在于运用。我们党在革命时期强调，学习马克思列宁主义不是单纯的学习，而是为了革命的实践需要。不能只会片面引用经典作家的个别词句，而不会运用他们的立场、观点、方法，来具体研究中国的现状和中国的历史，具体分析中国革命问题和解决中国革命问题。中国共产党人要用马克思列宁主义这根"矢"，射中国革命和东方革命这个"的"。1941 年 3 月，毛泽东在《农村调查》的序言中指出："用马克思主义的基本观点，即阶级分析的方法，作几次周密的调查，乃是了解情况的最基本的方法。"①

我们党在新时代同样强调，学习习近平新时代中国特色社会主义思想，目的是武装头脑、指导实践、推动工作。党的创新理论关于我国经济、政治、文化、社会、生态文明和党的建设等方面都有新思想新观点新论断，我们调查研究其中的某个问题，就要用党的创新理论作指导，用其立场、观点、方法去发现问题、认识问题、分析问题和解决问题。比如，调查研究经济问题，就要用党的创新理论作指导，用习近平经济思想进行分析；调查研究党的建设问题，同样要用党的创新理论作指导，用习近平总书记关于党的建设重要思想进行分析。再比如，在调查研究中，有时同样一个问题，不同的人有不同的看法，不同地区的人有不同的看法，"公说公有理，婆说婆有理"，到底是谁有道理？这就要用党的创新理论作指导，看看谁说的符合党的创新理论的精神实质，符合党的路线、方针、政策。这叫理论水平、政策水平。这样才能使调查研究工作更切实际，同中心工作和决策需要更加紧密结合起来，更好为科学决策服务。

---

① 《毛泽东选集》第三卷，人民出版社 1991 年版，第 789 页。

开展调查研究的方式方法，同样需要用党的创新理论指导。习近平总书记关于调查研究的系列重要论述，深刻回答了为什么要调研、怎么样调研、什么样调研标准这个根本问题，构成了内涵丰富、系统完备、逻辑严密、相互贯通的科学体系，是习近平新时代中国特色社会主义思想的重要组成部分，是我们党长期以来开展调查研究实践经验的科学总结，为进一步提高各级干部特别是年轻干部调查研究能力提供了行动指南。我们要认真学习习近平总书记关于调查研究的系列重要论述，并用这一重要论述作指导，使我们的调查研究工作沿着正确的方向前进，取得实实在在的成果。

## 坚持党的群众路线

《方案》强调，在全党大兴调查研究，必须坚持从群众中来、到群众中去，增进同人民群众的感情，真诚倾听群众呼声、真实反映群众愿望、真情关心群众疾苦，自觉向群众学习、向实践学习，从人民的创造性实践中获得正确认识，把党的正确主张变为群众的自觉行动。

中国共产党是人民群众的政党，是全心全意为人民服务的政党。党的一切活动，包括调查研究工作，都要坚持群众路线。"群众是真正的英雄。"人民群众的社会实践，是我们获得正确认识的不竭源泉，也是检验和深化认识的根本所在。调查研究成果的质量如何，最终要由人民群众的实践来检验。

毛泽东是马克思主义群众工作中国化的主要创立者，在党的群众路线形成中功高至伟。毛泽东在中国人民心中有崇高威望，源于他始终坚持为人民服务，源于他带头坚持为人民服务。

毛泽东把马克思主义的认识论、党的群众路线与调查研究活动结合起来，形成了我们党"从群众中来，到群众中去"的思想路线和工作方法。

那时，毛泽东总是强调，如果调查研究"没有满腔的热忱，没有眼睛向下的决心，没有求知的渴望，没有放下臭架子、甘当小学生的精神，是一定不能做，也一定做不好的。必须明白：群众是真正的英雄，而我们自己则往往是幼稚可笑的，不了解这一点，就不能得到起码的知识"①。正因为以毛泽东同志为主要代表的中国共产党人在调查研究时，深入群众，了解群众诉求，制定正确的政策和策略，给人民看得见的利益，人民才把革命当作他们的生命，把革命当作他们无上光荣的旗帜，就用生命同国民党、同日本侵略者决斗，把帝国主义赶出中国去，把国民党打垮，取得中国革命的伟大胜利。

邓小平认为："离开群众经验和群众意见的调查研究，任何天才的领导者也不可能进行正确的领导。"②改革开放初期，面对"文化大革命"造成的困境，着眼开创新局面，邓小平强调指出："毛泽东同志倡导的作风，群众路线和实事求是这两条是最根本的东西。"③他认为，党离不开人民，人民也离不开党，这不是任何力量所能改变的。

无论是实现党的工作重点转移，还是改革开放中出现重大争议，邓小平都是在调查研究中坚持走群众路线，认真听取群众意见、观察群众情绪，制定正确的政策。他多次强调对党负责和对人民负责的一致性，坚持把人民拥护不拥护、赞成不赞成、高兴不高兴、答应不答应作为衡量一切工作得失的根本标准。

中国特色社会主义进入新时代，坚持群众路线、深入调查研究显得尤为重要。中国共产党建党一百多年，执政七十多年。革命时期，党为了生存和发展，自觉地坚持调查研究，同群众打成一片。我们党成为执政党后，生存的条件和环境改变了，容易滋生高高在上、脱离群众的官僚主

---

① 《毛泽东选集》第三卷，人民出版社 1991 年版，第 790 页。
② 《邓小平文选》第一卷，人民出版社 1994 年版，第 219 页。
③ 《邓小平文选》第二卷，人民出版社 1994 年版，第 45 页。

义、形式主义，调查研究走过场的现象时有耳闻。

习近平总书记是从群众中走出来的人民领袖，一直坚持群众路线，从群众中吸取智慧。无论在地方工作，还是在中央工作，他总是以调查研究开路，从调研中了解情况，分析问题，提出意见，进行决策。他经常要求领导干部特别是中青年干部提高调查研究能力。

从 2012 年 12 月 4 日，中共中央政治局会议审议通过《十八届中央政治局关于改进工作作风、密切联系群众的八项规定》开始，以习近平同志为核心的党中央开展了一系列群众教育活动，办了许多人民群众满意的事情，特别是脱贫攻坚的伟大胜利，全面建成小康社会，是新时代中国共产党做群众工作的生动写照。

当前和今后一个时期，我国发展面临的有利条件强于不利因素，经济回升向好、长期向好的基本趋势没有改变。但是，这些年来，除了美西国家对我国持续打压、三年新冠疫情的冲击，我国仍面临一些困难和挑战：有效需求不足、部分行业产能过剩、社会预期偏弱、风险隐患仍然较多，国内大循环存在堵点，外部环境的复杂性、严峻性、不确定性上升。人民收入下降，就业比较困难，民生问题凸显。

所以，新时代无论是促进经济回升的调研，还是消除风险隐患的调研；无论是改善民生的调研，还是探索解决党的建设面临独有难题的调研，都必须坚持群众路线，听取群众意见，吸取群众智慧，作出人民群众满意的决策，把党的正确主张变为群众的自觉行动，努力让人民有更多获得感、幸福感、安全感。

## 坚持实事求是

《方案》指出，调查研究必须坚持实事求是，坚守党性原则，一切从实际出发，理论联系实际，听真话、察实情，坚持真理、修正错误，有一是一、有二是二，既报喜又报忧，不唯书、不唯上、只唯实。

调查研究的根本目的是为了认识和解决问题，也就是为了使我们的主观认识符合客观世界。只有全面、准确地反映社会现象和客观事物，努力做到调查的情况是真实的，调查得到的数据是准确的，对情况和数据的研究是科学的，调查研究的结论就会正确。在调查研究中，要捕捉领导难以听到、不易看到和想到的新情况、新苗头，提出解决问题的新思路、新对策，就必须坚持实事求是。

实事求是成为我们党的思想路线和工作方法，是毛泽东的一大重要贡献。1938 年 10 月 14 日，毛泽东在党的六届六中全会上的报告中最早提出"实事求是"一词，他指出："共产党员应是实事求是的模范，又是具有远见卓识的模范。因为只有实事求是，才能完成确定的任务；只有远见卓识，才能不失前进的方向。"① 这次会议批准了以毛泽东为首的党中央政治局的路线，是一次很重要的会议。在这样的会议上提出实事求是，意义非同寻常。

1941 年 5 月 19 日，毛泽东在延安干部会上作《改造我们的学习》的报告时，第一次对"实事求是"作了科学解释："'实事'就是客观存在着的一切事物，'是'就是客观事物的内部联系，即规律性，'求'就是我们去研究。"② 他赋予了"实事求是"新的内涵，用中国历史上已有的"实事求是"的名词表达出来，它就有了鲜活的、为中国普通党员和老百姓所喜闻乐见的民族形式。

1943 年，中央党校修建了一座大礼堂。党校人请毛泽东为大礼堂题词，他欣然接受，秉笔沉思片刻，即饱蘸浓墨，迅速挥毫，"实事求是"

---

① 《毛泽东选集》第二卷，人民出版社 1991 年版，第 522—523 页。
② 《毛泽东选集》第三卷，人民出版社 1991 年版，第 801 页。

四个雄健潇洒的大字跃然纸上。"实事求是"的石刻镶嵌入中央党校礼堂正门后,使这座建筑倍添光彩。从此,这一题词就成了全国各级党校学员学习研究马克思主义的座右铭。

1945 年,毛泽东在党的七大纪念册上题了"实事求是,力戒空谈"八个大字。经过延安整风,党的七大将"实事求是"正式写入党章。从此,实事求是的思想路线在全党确立,实事求是成为毛泽东经常谈及的一个概念,也成为党的会议和文件经常提出的一个要求。

新民主主义革命时期,毛泽东之所以能够最早找到农村包围城市的正确道路,一方面,是他掌握马列主义的普遍原理;另一方面,是他了解中国实际,并且能够把两者结合起来,制定出符合中国实际的政策和策略,实现了马克思主义中国化。

毛泽东又是怎样了解中国实际的呢?一个重要方法就是开展调查研究,一切从实际出发,实事求是。他指出:"调查就像'十月怀胎',解决问题就像'一朝分娩',调查就是解决问题。"

社会主义革命和建设时期,以毛泽东同志为主要代表的中国共产党人坚持实事求是,创造性地完成了社会主义改造,对社会主义建设进行了艰辛有益的探索。后来的探索出现重大挫折,也是因为没有很好地坚持实事求是、深入调查研究。

改革开放和社会主义现代化建设新时期,以邓小平同志为主要代表的中国共产党人带领全党全国人民开创中国特色的社会主义新道路,靠的是恢复和发扬了党的实事求是的思想路线和工作方法。邓小平在七十多年的革命生涯中,无论顺境还是逆境,无论是调查研究还是作工作报告,都百折不回地坚持实事求是。苏区岁月、"文革"前后、改革之初,风波来临,莫不如此。他指出,实事求是是马列主义的精髓,也是毛泽东思想的精髓。这个著名论断本身就包含和体现了调查研究的重要性。

1978 年 12 月,邓小平在为党的十一届三中全会做准备的中央工作会议上，发表了《解放思想，实事求是，团结一致向前看》的重要讲话，他首先强调解放思想是前提，同时指出："过去我们搞革命所取得的一切胜利，是靠实事求是；现在我们要实现四个现代化，同样要靠实事求是。"①

1987年3月，邓小平在会见外宾时指出："我是改革派，不错；如果要说坚持四项基本原则是保守派，我又是保守派。所以，比较正确地说，我是实事求是派。"②他在1992年视察南方谈话时仍然强调："实事求是是马克思主义的精髓。要提倡这个，不要提倡本本。我们改革开放的成功，不是靠本本，而是靠实践，靠实事求是。""我读的书并不多，就是一条，相信毛主席讲的实事求是。过去我们打仗靠这个，现在搞建设、搞改革也靠这个。"③

中国特色社会主义新时代，以习近平同志为核心的党中央以巨大的政治胆识和责任担当，把实事求是思想贯穿到治国理政的各个方面、各个环节，并在实践中不断积累新经验。习近平总书记对实事求是如此高度重视，源于青年时期的知青生活。他后来说：陕北七年，最大的一个收获，就是"让我懂得了什么叫实际，什么叫实事求是，什么叫群众。这是让我获益终生的东西。"④实事求是是马克思主义的精髓，是调查研究的生命。习近平总书记明确指出："实事求是，是马克思主义的根本观点，是中国共产党人认识世界、改造世界的根本要求，是我们党的基本思想方法、工作方法、领导方法。不论过去、现在和将来，我们都要坚持一切从实际出发，理论联系实际，在实践中检验真理和发展真理。"⑤

2015年1月12日，习近平总书记在同中央党校县委书记研修班学员

---

①　《邓小平文选》第二卷，人民出版社1994年版，第143页。

②　《邓小平文选》第三卷，人民出版社1993年版，第209页。

③　《邓小平文选》第三卷，人民出版社1993年版，第382页。

④　转引自《习近平的七年知青岁月》，中共中央党校出版社2017年版，第445页。

⑤　《习近平著作选读》第一卷，人民出版社2023年版，第209页。

座谈时指出，要把调查研究作为基本功，坚持从实际出发谋划事业和工作，使想出来的点子、举措、方案符合实际情况。

2018 年 4 月，习近平总书记在湖北考察时强调："要深入开展调查研究，摸清情况，找到症结，做到心中有数，不能拍脑袋决策，真正把功夫下到察实情、出实招、办实事、求实效上。"①

坚持实事求是，最基础的工作在于搞清楚"实事"，就是了解实际、掌握实情。这就要求我们必须不断对实际情况作深入系统而不是粗枝大叶的调查研究，使思想、行动、决策符合客观实际。当前，中国最大的实事，或者叫基本国情，就是我国仍处于并将长期处于社会主义初级阶段这个基本国情。我们做的一切决策都要从社会主义初级阶段这个基本国情出发。

各地各单位各领域都会有些具体的"实事"、"实情"，调查研究要摸清这些实事，并不容易。一些干部和群众在被调查时，不敢如实汇报本地方本单位的实际情况。2023 年 8 月，作者在一个地级市调研时，听一位基层银行行长说，现在要了解民营企业经营实际状况很困难，经营好的企业不会告诉实情，担心别的企业会学习他们；经营差的企业更不会告诉实情，担心贷不到款。当然，也有些参加调查的干部和群众不敢向上级如实报告调查了解到的情况，担心听取汇报的领导不满，也担心被调查的地方领导不高兴。这些往往导致主观认识脱离客观实际、领导意志脱离群众愿望，从而造成决策失误，使党的事业蒙受损失。

因此，贯彻落实《方案》要牢牢把握实事求是这个精髓，喜忧兼报、明暗兼听，切实做到听真话、察实情、真作为，对党负责、对人民负责、对历史负责。大力弘扬理论联系实际的优良学风，分析研究实际情况，解

---

① 《坚持新发展理念打好"三大攻坚战" 奋力谱写新时代湖北发展新篇章》，《人民日报》2018 年 4 月 29 日。

决实际问题，从而得出符合实际的调研成果，作出符合实际的正确决策。

## 坚持问题导向

　　问题是时代的呼声，摸清问题、解决问题是调查研究的目的。《方案》明确指出，必须坚持问题导向，增强问题意识，敢于正视问题、善于发现问题，以解决问题为根本目的，真正把情况摸清、把问题找准、把对策提实，不断提出真正解决问题的新思路新办法。

　　毛泽东作调查研究有着强烈的问题意识，即带着问题去调研，并在调研过程中不断打磨问题，让问题愈发清晰，最终找到解决问题之道。他指出："什么叫问题？问题就是事物的矛盾。哪里有没有解决的矛盾，哪里就有问题。既有问题，你总得赞成一方面，反对另一方面，你就得把问题提出来。提出问题，首先就要对于问题即矛盾的两个基本方面加以大略的调查和研究，才能懂得矛盾的性质是什么，这就是发现问题的过程。大略的调查和研究可以发现问题，提出问题，但是还不能解决问题。要解决问题，还须作系统的周密的调查工作和研究工作，这就是分析的过程。"①

　　毛泽东主张调查研究要围绕问题去调查，做到"有的放矢"。在《反对本本主义》中，他明确指出："社会经济调查，是为了得到正确的阶级估量，接着定出正确的斗争策略。""我们的终极目的是要明了各种阶级的相互关系，得到正确的阶级估量，然后定出我们正确的斗争策略，确定哪些阶级是革命斗争的主力，哪些阶级是我们应当争取的同盟者，哪些阶级是要打倒的。我们的目的完全在这里。"②只有明确调查目的，根据目的合

---

① 《毛泽东选集》第三卷，人民出版社 1991 年版，第 839 页。
② 《毛泽东选集》第一卷，人民出版社 1991 年版，第 113—114 页。

理安排，精心组织，调查研究才能取得预期成效。

邓小平在 20 世纪 60 年代初的农村调研、工业调研，在新时期农村调研、两次视察南方调研，都是调查研究中坚持问题导向、解决重大问题的成功典范。

习近平总书记在正定工作时关于国家高征购粮食调研，在宁德工作时"四下基层"调研，在浙江"千万工程"调研、在浦江接访调研，都是通过调查研究，解决地方经济社会发展中的重要问题。党的十八大后，习近平总书记关于脱贫攻坚的调研、主持制定"十四五"规划的调研等等，都是奔着问题去调查研究，是有目的的调查研究，都取得了重大成果。

我们的调查研究，要围绕经济社会发展中的热点难点疑点问题，围绕人民群众的所思所想所盼问题，确定调研方向、重点和题目，在调研中有的放矢，做到谋事在先。避免"脚踩西瓜皮，滑到哪儿算哪儿"。

2023 年，中共中央要求全党大兴调查研究，各地各部门积极响应，调查研究蔚然成风，这对改进干部作风、进行科学决策、解决实际问题都起到了很好的效果。但是，也有一些地方和单位的领导没有具体的调研任务和调研目的，到基层只是为调研而调研。这种无目的调研、无任务调研、重复调研、交叉调研无疑会增加基层负担，引起基层不满。我们应当防止和克服这种不良倾向。

## 坚持攻坚克难

《方案》要求，发扬斗争精神，增强斗争本领，勇于涉险滩、破难题，知难而进、迎难而上，把调查研究成果转化为推进工作、战胜困难的实际成效。

攻坚克难是中国共产党人的鲜明品格、责任担当，也是调查研究的基本要求。周恩来曾经指出："下去调查，要敢于正视困难，解决困难……畏难苟安，不是共产党人的品质。[①]"中国式现代化是一项伟大而艰巨的事业，前进中必然遇到"险滩"、"暗礁"与"中梗阻"，这就要求党政领导干部必须坚持攻坚克难，具有战胜各种艰难险阻的胆识气魄，在调查研究中具备打攻坚战、持久战的信心和耐力，迎着困难上，盯着问题抓，养成斗争精神，增强斗争本领，推动调查研究走深走实，为领导决策提供重要参考。

中国共产党成立一百多年来，在调查研究中坚持攻坚克难，解决各种复杂困难和尖锐矛盾的事例举不胜举，第一讲列举的多是党的领袖在调查研究中坚持攻坚克难，打开新局面的生动事例，这里再略举几例加以说明。

上海解放后和新中国成立初期，一些投机资本家兴风作浪，新生政权面临考验：银元之战、米棉之战。在党中央领导下，以陈云为主任的中央财政经济委员会在调查研究时，坚持攻坚克难，有效地开展了稳定物价和统一财经的重大斗争。

中国长期战乱导致经济萧条，通货膨胀，物价飞涨，民不聊生。上海是全国的经济中心，国民党从大陆败退前夕，上海主要商品批发物价指数比战前上涨了 200 多万倍。恶性通货膨胀使投机活动十分猖獗，正常的生产经营活动难以进行。

1949 年 7 月 17 日，陈云前往上海调查研究摸清情况后，召集华东、华北、华中、东北、西北财经委主任开会，研究解决上海和全国的财经问题。这次会议明确了从政治上、全局上、战略上观察与思考财政经济问题的思路，明确着眼于通过恢复和发展生产来解决财政经济问题的指导思

---

① 《周恩来选集》下卷，人民出版社 1984 年版，第 314 页。

想，确定了全国财经工作的统一领导。不法资本家囤积居奇"粮棉煤"被遏制，平抑了物价，制止恶性通货膨胀，上海和全国各地的经济很快得到好转。对此，毛泽东给予高度评价：平抑物价、统一财经，其意义不下于"淮海战役"。

1979 年 4 月至 6 月，陈云到宝钢，就宝钢这个重大工程是继续干下去还是中止停下来，进行深入调查研究。这是陈云调研中坚持攻坚克难又一个生动例子。1978 年 12 月，中日签订了订购设备总协议书，双方达成近 20 亿美元的合同，国内总投资概算达到 200 亿人民币。引进这样的大型项目，对三年调整中元气尚未恢复的国民经济是一个沉重的负担。宝钢建设仓促上马，造成上下两难的问题。当时，中央领导对这个大项目上马有不同看法，社会上也议论纷纷，有人说："建成后每年只能支付利息，贷款几辈子也还不清"，"给子孙后代留下后患"，"我们上了一个大当"，"要上没钱，要下浪费"。那时建设已经全面展开，进度比较快，高炉、焦炉、转炉和电站主体工程基础桩都已打完，施工队伍集结 5 万人。刚刚上马的宝钢是干到底还是半途而废，的确是个棘手的问题。

受党中央委托，陈云去宝钢调查研究，在"比较"中找到了问题的实质。他仔细研究宝钢建设资料，召开座谈会，实地考察，听取各方面意见，掌握大量第一手资料，把建设鞍钢与建设宝钢作了"比较"。他说："1901 年日本人建设鞍钢，搞了 40 年。建国后我们又搞了 30 多年，前前后后 70 年，才建成年产 600 万吨钢。"虽然建设鞍钢时间长，有战争和科学技术水平低等客观原因，但宝钢按设计要求 7 年完成，只占鞍钢的十分之一，建设周期太短，国家资金短缺，不能用现金支付进口设备及国内配套费用，这样就使工程陷于困境。

陈云提出宝钢要继续干下去，但要拉长建设周期，先上一期，迟些时间再上二期。推迟一些项目，按合同进行赔偿。因为拉长建设周期，资金就可以搞活。一项工程投产又可以为二期工程积累资金。这样既能坚持下去，又能解决一些建设资金支付不足的问题，使工程走出困境。陈云还就宝钢建设提出八条建议，涉及宝钢技术问题、质量问题、责任制问题等。陈云通过调查研究得出的建议报中央，得到中央同意。①

改革开放 40 多年来中国钢铁工业发展得又好又快，宝钢起到了重要的示范榜样作用。宝钢和武钢组建的宝武钢铁集团有限公司是中央直接管理的国有重要骨干企业，2022 年，宝、武资产规模达 1.32 万亿元，钢产量 1.3 亿吨。宝、武在 2023 年公布的《财富》世界 500 强排行榜位列 44 位，继续位居全球钢铁企业首位。这份合格的答卷验证了陈云的建议："宝钢要继续干下去"的正确性，验证了邓小平的论断："历史将证明，建设宝钢是正确的"②。

在全国林权制度改革没有先例时，时任福建省省长的习近平怀着人民利益高于一切的使命和担当，在调查研究中坚持攻坚克难，率先在福建积极稳妥地推进林权制度改革。福建的地理特点是"八山一水一分田"。新中国成立后直到 20 世纪八九十年代，福建很多地方"靠山不吃山"，端着金饭碗过穷日子。新中国成立初期的土改，主要是改田，没有改山。"文化大革命"之后，林业实行"四固定"，其中之一就是固定集体林，老百姓盼分山也没有分到。到了 80 年代，林业"三定"划定自留山、确定责任山，但也没有搞彻底，许多人有山无证或者有证无山。后来，两山并一山，逐渐演变成"干部林"，使群众再次失望。老百姓说："千年铁树开了花，田地回了家（指家庭联产承包分田到户），何时铁树又开花，林地回到家。"老百姓多么盼望林权制度改革。

在这样的历史背景下，习近平总书记冒着政治风险，敢于挑战新中国成立以来都没有解决的林地使用制度这个难题，在福建工作时亲自领导推

① 参见《陈云与调查研究》，中央文献出版社 2004 年版，第 171—176 页。
② 《邓小平年谱（一九七五——一九九七）》上卷，中央文献出版社 2004 年版，第538 页。

进集体林权制度改革。2021 年 9 月 1 日，习近平总书记在中央党校中青班开班式上发表重要讲话时回顾了这段历史，他指出："我在福建工作时，针对福建是林业大省、广大林农却守着'金山银山'过穷日子的状况，为解决产权归属不清等体制机制问题，推动实施了林权制度改革。当时，这项改革是有风险的，主要是上世纪 80 年代有些地方出现了乱砍滥伐的情况，中央暂停了分山到户工作。20 多年过去了，还能不能分山到户，大家都拿不准。经过反复思考，我认为，林权改革关系老百姓切身利益，这个问题不解决，矛盾总有一天会爆发，还是越早解决越好……决心下定后，我们抓住'山要怎么分'、'树要怎么砍'、'钱从哪里来'、'单家独户怎么办'这 4 个难题深入调研、反复论证，推出了有针对性的改革举措，形成了全国第一个省级林改文件。2008 年中央 10 号文件全面吸收了福建林改经验。"[①]

党的十八大后，习近平总书记先后五十多次调研扶贫工作，走遍了全国 14 个集中连片特困地区，而且年年去、常常去，扶真贫、真扶贫，七次主持召开中央扶贫工作座谈会，实施精准扶贫战略，研究建立和完善脱贫攻坚责任、政策、组织、投入、动员、监督和考核等制度体系，为顺利推行脱贫攻坚提供制度支撑。这是习近平总书记深入调查研究、坚持攻坚克难的一个典型案例。

习近平总书记带领全党全国各族人民经过多年奋斗，最终打赢了脱贫攻坚战，我国脱贫攻坚取得了全面胜利，现行标准下 9899 万农村贫困人口全部脱贫，832 个贫困县全部摘帽，12.8 万个贫困村全部出列，大约 1000 万人易地搬迁脱贫，历史性解决困扰中华民族几千年的绝对贫困问题，创造了人类减贫史上的伟大奇迹，为其他国家选择适合自己的减贫发展道路提供了参考和借鉴。

---

① 《习近平谈治国理政》第四卷，外文出版社 2022 年版，第 530—531 页。

构建新发展格局这一新的重大战略任务，也是习近平总书记在深入调查研究后提出来的。他说："我在浙江考察时发现，在疫情冲击下全球产业链供应链发生局部断裂，直接影响到我国国内经济循环。当地不少企业需要的国外原材料进不来、海外人员来不了、货物出不去，不得不停工停产。我感觉到，现在的形势已经很不一样了，大进大出的环境条件已经变化，必须根据新的形势提出引领发展的新思路。"① 在这次浙江考察返京后不久，2020 年 4 月 10 日，习近平总书记就在中央财经委员会第七次会议上提出，要"构建以国内大循环为主体、国内国际双循环相互促进的新发展格局"。

可以说，新时代我国采取的一系列战略性举措，推进的一系列变革性实践，实现的一系列突破性进展，取得的一系列标志性成果，都凝结着习近平总书记一次又一次带头调查研究、攻坚克难付出的心血和获得的智慧。

总之，新时代的调查研究工作更应该坚持攻坚克难，面对困难不逃避，面对矛盾不回避，面对风险不畏缩，增加历史主动，做到求真务实，努力让调查研究的过程真正成为解决矛盾、打开局面、推动发展的过程。

# 坚持系统观念

系统观念是马克思主义认识论和方法论的基本观点，是中国共产党人的思想方法和工作方法，也是做好调查研究的科学思想方法。《方案》要求，深入实际、深入基层、深入群众调查了解情况，把握好全局和局部、

---

① 《习近平谈治国理政》第四卷，外文出版社 2022 年版，第 174 页。

当前和长远、宏观和微观、主要矛盾和次要矛盾、特殊和一般的关系，前瞻性思考、全局性谋划、整体性推进党和国家各项事业。这就要求在调研范围上体现代表性，在深入研究上体现体系性，在对策研究上体现可操作性，在问题解决上体现精准性。调查研究中既要看到"高楼大厦"，又看到"背阴胡同"，切忌"一叶障目、不见泰山"、"只见树木、不见森林"，要真正把情况摸清、把问题找准、把对策提实。坚持用系统的观念、用发展的观点来观察事物，调查研究才能做到全面客观准确。

唯物辩证法告诉我们，世界上万事万物是相互联系、相互依存的。党的二十大报告无论是回顾总结过去五年的工作和新时代十年的伟大变革，还是擘画全面建成社会主义现代化强国的宏伟蓝图和实践路径，都是一个系统工程，涉及经济、政治、文化、社会、生态文明等各个领域，关系治党治国治军、内政外交国防等方方面面，需要统筹兼顾、系统谋划、整体推进。习近平总书记指出："各级领导干部要把调查研究、求真务实作为基本功，不能脱离实际，想当然、拍脑袋；要强化系统观念，统筹处理好两难甚至多难问题，不能'按下葫芦起了瓢'。"①

党的二十大报告起草时的调查研究就坚持了系统观念。它是充分发扬党内民主和全过程人民民主、集中全党全国人民智慧的结晶。党中央两轮在党内一定范围征求意见，征求意见达到 4700 多人，并通过网络向社会公开征求意见，收集意见达 850 多万条，集中体现了新时代党和人民的实践经验和理论创新成果，凝聚了全党全社会的智慧，顺应了人民群众期望。

新时代十余年，我们党从扎实做好"六稳"、"六保"工作，到高效统筹疫情防控和经济社会发展；从善于"弹钢琴"、"转盘子"，到把政治经

① 《习近平关于调查研究论述摘编》，党建读物出版社、中央文献出版社 2023 年版，第 108—109 页。

济、宏观微观、战略战术有机结合起来……依靠的就是把系统观念贯穿于调查研究的全过程，以系统观念观大势、看问题、作决策，使得大势观得更清、问题看得更准、决策做得更好，让我们党始终成为风雨来袭时中国人民最可靠、最坚强的主心骨。

国家、省（自治区、直辖市）、地（市）、县（市）、乡（镇）、村，层级不同，范围不同，但"麻雀虽小，五脏俱全"，许多问题都涉及方方面面，牵一发而动全身，在调查研究时就要坚持系统观念、整体考量、统筹兼顾。需要考虑事物的前后左右上下关系、了解事物的过去现在未来发展状况，做到局部和整体相结合、现实和历史相结合、动态和静态相结合、正面和反面相结合，把问题的本质和规律把握准确，抓住矛盾的主要方面，克服片面性，防止极端化，积极又稳妥地以重点突破带动整体推进，用群众整体的获得感、满意度检验调查研究的成果成效。

# 坚持亲力亲为

《方案》明确提出，各级党委（党组）要高度重视调查研究工作，作出专门部署，科学精准做好方案设计、过程实施、监督问效等各个环节工作。党委（党组）主要负责同志负总责，抓好本地区本部门本单位调查研究的推进落实；班子其他成员各负其责，抓好分管领域和分管单位的调查研究工作。领导干部要带头开展调查研究，改进调研方法，以上率下，作出示范。

党政机关坚持民主集中制原则，按这个原则办事和决策，既充分发扬民主，又高度体现集中，避免资本主义国家"三权分立"造成的议而不决、决而不行的弊端。各级党委（党组）领导干部特别是主要负责同志亲自调查研究，了解实际情况，掌握民情民意，对于民主决策、科学决策非常重要。在会议决策时，班子成员都要就某一问题发表意见，主要负责同志要进行民主集中，最后由会议决定。如果只是群众参加调查研究，领导干部不调查研究；或者只是班子成员参加调查研究，主要负责同志不参加调查研究，这无疑会影响决策效果，影响民主集中制原则的发挥。这是党政机关的调查研究与学者、社会评级机构进行的调查研究明显不同的地方，后两者的调查研究通常不直接参与决策，党政机关的调查研究则直接参与决策、服务决策，关乎政策，而党的政策是党的生命，关系到广大人民群众的切实利益，关系着国家社会的长治久安。因此，领导干部特别是主要领导干部要带头开展调查研究，亲力亲为。

毛泽东重点告诫党员干部搞调查研究"都要亲身出马"，"不能单靠书面报告，因为二者是两回事"。① 领导干部要亲身从事社会实际调查。他指出，凡担负领导工作的人，一定都要亲自从事社会经济的实际调查，要依靠自己亲身的调查研究去解决问题，不能假手于人，书面报告可以看，但是这跟自己亲身的调查是不相同的；要亲自了解基层的情况，要和工人、农民接触，增加感性知识，这样才能对实际情况摸底，心中有数；不要忙于事务主义，不作亲身的典型调查，满足于在会议上听汇报，看书面报告，或靠报表来了解情况。

1961 年 1 月 13 日，毛泽东在主持中央工作会议全体会议时指出："请同志们回去后大兴调查研究之风，一切从实际出发，没有把握就不要下决心。调查研究极为重要，要教会所有的省委书记加上省委常委、省的各个部门的负责同志，地委书记、县委书记、公社书记做调查研究。情况明、决心大，方法对，要有这三条。"

2011 年 11 月 16 日，习近平同志在出席中央党校 2011 年秋季学期第二批入学学员开学典礼的重要讲话中强调，领导干部不论阅历多么丰富，

---

① 《毛泽东选集》第一卷，人民出版社 1991 年版，第 117 页。

不论从事哪一方面工作，都应始终坚持和不断加强调查研究。为什么对领导干部的调查研究，要强调"始终坚持"和"不断加强"呢？一是因为我们所肩负的任务是不断变化的，原有的任务完成了，新的任务又摆到了面前，又需要重新学习和调查研究。二是因为我们党的领导干部是要不断地进行新老交替和不断地调换工作岗位的，老干部离开了领导岗位，新一批干部上来了，老干部学习和调查研究的经验可以供新上来的干部学习借鉴，但代替不了新上来干部的学习和调查研究。领导干部从一个地区和部门到另一个地区和部门，都必须进行调查研究。即便是回到曾经熟悉的工作岗位和工作环境，也不能刻舟求剑，还需要重新调查了解新情况。三是客观事物总在不断变化，新矛盾新问题每日每时都在出现，在当代中国社会主义现代化事业蓬勃发展的形势下，在当今世界多极化、经济全球化深入发展和科学技术突飞猛进的条件下更是如此。这也要求领导干部必须坚持不懈地进行和加强调查研究。①

党的十八大召开不久，习近平总书记就要求："各级领导干部特别是高级干部要围绕经济社会发展重大问题加强学习和调研，提高把握和运用市场经济规律、自然规律、社会发展规律能力，提高科学决策、民主决策能力，增强全球思维、战略思维能力，做到厚积薄发。②"习近平总书记在地方工作期间，始终坚持调查研究。在中央工作后，特别是党的十八大以来，习近平总书记的步履遍及 31 个省（自治区、直辖市）的城乡、厂矿、学校、社区，翻山越岭、跋山涉水，实地调研、访贫问苦，为全党树立了典范。

党中央领导历来身体力行，每年抽出大量时间深入基层和群众，召开各种各样的座谈会，亲自组织对一些重大问题的调查研究，为全党树立了

---

① 参见《习近平党校十九讲》，中共中央党校出版社 2014 年编印，第 285 页。
② 习近平：《论坚持党对一切工作的领导》，中央文献出版社 2019 年版，第 14 页。

光辉的典范。各级领导干部按照中央要求，带头调查研究，坚持亲力亲为，进行科学决策。

# 坚持工作纪律

《方案》要求，调研要严格执行中央八项规定及其实施细则精神，轻车简从，厉行节约。要采取"四不两直"方式，即"不发通知、不打招呼、不听汇报、不用陪同接待、直奔基层、直插现场"。要加强统筹，避免扎堆调研、多头调研、重复调研，不增加基层负担。要力戒形式主义、官僚主义，不搞作秀式、盆景式和蜻蜓点水式调研，防止走过场、不深入。对违反作风建设要求和廉洁自律规定的，要依规依纪严肃问责。

调查研究要务实。习近平同志任中共浙江省委书记时在《浙江日报》"之江新语"栏目发表的第一篇文章，题目就是《调研工作务求"深、实、细、准、效"》。这5个字，蕴含着非常深刻的哲理和方法论，也反映出习近平总书记深入、唯实的调研作风。他是这么说的，也是这么做的。根据习近平总书记当年在河北正定工作的同事李亚平回忆，习近平总书记在正定工作时非常注重调查研究，调研方法比较特殊，一般是不打招呼，不让人家准备，而是直接下乡、下厂、入户。

20世纪90年代，习近平同志任中共福州市委书记不久，就倡导推动"四个万家"："进万家门，知万家情，解万家忧，办万家事。"习近平还提出4点具体要求，第一条就是"要深入扎实，不搞形式主义，要真心实意地深入群众，与群众交朋友，而不是为下基层而下基层"。

一段时间以来，有些领导干部到基层调研，喜欢搞大场面、大阵势，人还未到基层，通知就早已下发。从选址地点，到线路确定；从汇报材料，到参加人员；从宣传报道，到新闻通稿等，早就做了全方位准备。对于基层干部来说，既要抓好当前各项重点工作，又要拿出更多时间来应对上面的调研。在汇报材料上，认认真真地修改，领导喜欢看什么、喜欢听什么，就重点写什么、汇报什么，甚至连领导干部调研结束时的意见都要求下面来写。

习近平总书记一贯反对调研搞形式主义，他指出：有的下基层调研走马观花，下去就是为了出出镜、露露脸，坐在车上转，隔着玻璃看，只看"门面"和"窗口"，不看"后院"和"角落"，群众说是"调查研究隔层纸，政策执行隔座山"。有的明知报上来的是假情况、假数字、假典型，也听之任之，甚至通过挖空心思造假来粉饰太平。①

习近平总书记说过，调研中可以有"规定路线"，但还应有"自选动作"，看一些没有准备的地方，搞一些不打招呼、不作安排的随机性调研，力求准确、全面、深透地了解情况，避免出现"被调研"现象，防止调查研究走过场。

这次《方案》提出，调研要采取"四不两直"方式，充分体现了习近平总书记关于调查研究的明确要求。作者在调研时听一些地方和部门的同志反映，有时直接下去找不到人，有时人家不认识自己，影响调研效果。如何看待这个问题？作者认为，中央要求调研要采取"四不两直"方式，实质是要求调研直接了解实际情况，为基层办实事，同时不给基层增加负担。因此，许多时候调研要采取"四不两直"方式，这样更容易了解真实客观的情况。有些时候确实需要跟地方或部门打招呼，这样可以找各种不同层级、不同领域的人全面了解情况，增强调查的针对性和时效性。这也就是习近平总书记说过的，调研中可以有"规定路线"，但还应有"自选动作"。总之，调查研究方式要从实际出发，实事求是，做到既了解实际情况，又不增加基层负担。

---

①　参见《习近平著作选读》第一卷，人民出版社 2023 年版，第 125 页。

调查研究纪律要严。必须严格执行中央八项规定及其实施细则精神，轻车简从、厉行节约，更要遵守廉洁纪律。这些年来，因借调查研究之名，行旅游观光之实，或者违规超标准、超范围接待，或者借机大吃大喝、收受财物，受到党纪处理的领导干部不少。《中国共产党纪律处分条例》第一百一十五条规定，有下列行为之一，对直接责任者和领导责任者，情节较轻的，给予警告或者严重警告处分；情节较重的，给予撤销党内职务或者留党察看处分；情节严重的，给予开除党籍处分：（一）公款旅游或者以学习培训、考察调研、职工疗养等为名变相公款旅游；（二）改变公务行程，借机旅游；（三）参加所管理企业、下属单位组织的考察活动，借机旅游。以考察、学习、培训、研讨、招商、参展等名义变相用公款出国（境）旅游的，对直接责任者和领导责任者，依照前款规定处理。

中国式现代化建设面对重大机遇和严峻挑战，在全党大兴调查研究，具有深远的历史意义和时代意义。要按照《方案》精神，发扬求真务实的作风，严守纪律要求，既要通过调研切实发现和解决发展中的各种问题，又要最大限度地为基层减负，努力使调研取得实实在在的成果。

# 第三讲　确定调研内容和方案

《方案》提出，在全党大兴调查研究，要紧紧围绕全面贯彻落实党的二十大精神、推动高质量发展，直奔问题去，实行问题大梳理、难题大排查，着力打通贯彻执行中的堵点淤点难点。各级党委（党组）要立足职能职责，突出重点、直击要害，结合实际确定调研内容，并列举了12个方面调研内容，包括贯彻落实党中央决策部署和习近平总书记对本地区本部门本领域工作重要指示批示精神的主要情况和重点问题，经济、政治、文化、社会、生态文明、党的建设和本地区本部门本单位长期未解决的老大难问题等。

这是党中央对各级党委（党组）调查研究内容提出的要求，是从全党全国大范围讲的，各地各部门各单位的调查研究内容可按照这个精神，应当更具体、更有针对性。如果各级党委和政府部门的调研内容或调研题目是领导交办的，各部门组织力量按要求调研。如果领导没有出题目，那么就需要各部门主动选择调研内容或调研题目，能否选好调研内容或调研题目是决定调查研究是否成功的首要环节。

有人认为，选题如开矿，地方选准了，可开掘丰富的矿藏。调研题目选得好、确定早，事半功倍，否则，事倍功半，甚至劳而无功。

那么，各级党委和政府部门怎么选择调研题目呢？一般来说，选题要充分反映党和国家发展以及各地各部门发展的大局，领导正在思考和准备着手解决的问题，人民群众关注的重点热点难点问题。党委和政府部门的调研内容或者调研题目有以下几个重要特点：政策性、针对性、应用性、超前性、操作性和时效性。[①]

党委和政府部门调研目的是为领导决策提供服务，发挥"智囊团"、"参谋部"、"思想库"作用，而这些决策关系党的事业发展、关系人民群众工作生活、关系党的形象。因此，党委和政府部门的调查研究要围绕中心工作，围绕老百姓关心的问题，有的放矢地进行。调研成果必须有切实可靠的具体措施，有可操作性，能够解决经济社会中的实际问题。调研成果不是纯理论研究，也不是具体的工作部署，而是一种理论与实践相结合的对策性应用研究。这样的调研才能是忙在点子上，谋在关键处，为领导及时妥善解决纷繁复杂的矛盾提供决策咨询服务。古人说："文可载道，以用为贵。"如果调研脱离中心工作，远离决策需要，没有目标指向，调研效果就起不到应有的作用。如果调研成果空发议论、不着边际，或者看似正确，却因为无实际操作办法，只能束之高阁，成为书柜之物，实际上也是浪费机关的人力、物力和财力。而教学机构、学术部门调研更多的是为搞好教学或者科研服务，调研成果通常不进入领导决策程序，不形成有关政策。

《方案》提出了六种调查研究类型：围绕做好事关全局的战略性调研、破解复杂难题的对策性调研、新时代新情况的前瞻性调研、重大工作项目的跟踪性调研、典型案例的解剖式调研、推动落实的督查式调研。各级党委和政府部门经常会遇到这六种调查研究类型，我们应当熟练掌握。

## 围绕做好事关全局的战略性调研

古语云：不谋万世者，不足谋一时；不谋全局者，不足谋一域。这句

---

[①] 参见《怎样搞好调查研究》，中国言实出版社 2019 年版，第 5—8 页。

话体现了整体与部分相互依存，不可分割，整体决定部分的哲理。全局是相对的、变化的。国家有国家的全局，地方有地方的全局，部门有部门的全局，但是地方的全局、部门的全局，应当服从服务于国家的全局。一个国家、地方或部门，有些事情是全局性的、战略性的，涉及领域广、面临情形复杂，处于关键位置，牵一发而动全身。如何看待和解决这些问题，需要围绕做好事关全局的战略性调研。

改革开放 40 多年来，我国实现经济快速发展和社会长期稳定，一个重要的原因是我们党越来越重视调查研究工作，制定的政策符合客观实际。中国共产党五年一次的党代会报告、每次中央全会报告、我国经济社会发展的每个五年规划、每个重大改革开放决策，无不是在大量调查研究基础上制定的、决策的。比如，新时代以来，每次中央全会的报告，通常是每年初党中央向各省（自治区、直辖市）党委、各部委党组（党委）征求意见。党中央和国务院主要领导带头赴各地各部门进行调查研究。文件起草组也开展调查研究，同时进行文件起草工作。有的还进行网络调研，广泛征集民意。经过几个月的调查研究，形成文件初稿，经中共中央政治局会议审议批准，再发各省（自治区、直辖市）党委、各部委党组（党委）征求修改意见。文件起草组根据各地各部门意见，对文件再进行修改。然后，中央召开全会对文件进行讨论决定。这就是说，党的重大政策是由集体决定的，是通过这样几上几下程序，充分发扬民主，再集中全党全民智慧形成的政策，当然是符合客观实际的。十一届三中全会以来，我们党坚持一切从社会主义初级阶段这个最大的实际出发，制定了一系列正确的路线、方针、政策和规划。

各个地方有自己的全局，同样需要开展事关全局的战略性调研。习近平总书记曾在地方工作二十多年，他在正定县提出的"半城郊型"经济发展战略，在福州市"3820"战略工程，在浙江省提出的"八八战略"……都是一系列事关当地经济社会发展全局的战略性问题。它关乎一个地方当前和今后一个时期的长远发展，处于全局的战略地位。习近平总书记对这些调研历来是非常重视的，亲自组织力量调研，带领各地干部反复调研，最后通过会议决定下来的。

各级党委和政府领导只有胸怀全局，心有帅谋，既有系统观念、战略思维、世界眼光，又立足当前、立足实际、立足长远，才能做好这种事关全局的战略性调研，形成科学的决策，促进各地经济社会高质量发展。

## 破解复杂难题的对策性调研

我们党在前进的道路上，会遇到一个又一个复杂难题。各级党委和政府为了解决这些难题，需要开展对策性调研，从中找到破解之策。由于形势和任务变化，社会主要矛盾变化，人民群众的希望也有变化，旧的难题解决了，新的难题又会出现。这样，破解复杂难题的对策性调研，是各级党委和政府经常需要采用的一种重要调研方式。

在土地革命战争时期，毛泽东在江西、福建农村开展的一系列调研，就是为了破解怎样给农村地主、富农、中农、贫农、雇农等不同阶级、阶层制定土地分配政策，以充分调动他们发展生产、参加革命的积极性。

在三年困难时期，毛泽东号召全党大兴调查研究之风，就是为了破解当时国民经济的严重困难，寻找解决一系列重大经济社会问题的正确决策，以使困难局面迅速得到扭转。

在改革开放和社会主义现代化建设新时期，邓小平等中央领导频繁访问发达国家、经常到全国各地调研，就是为了破解中国式的现代化难题，探索改革开放新举措，以实现党和国家工作重心的转移。

中国特色社会主义新时代，习近平总书记经常到各地调查研究经济社会发展状况，就是为了破解我国发展中的突出矛盾和问题，提出新发展理念，以系统回答关于发展的目的、动力、方式、路径等一系列理论和实践问题，深刻揭示实现更高质量、更有效率、更加公平、更可持续、更为安全的发展之路。

解决好大党独有难题需要全党加强调查研究。2023 年 1 月 9 日，习近平总书记在党的二十届中央纪委第二次全体会议上发表的重要讲话时指出，如何始终不忘初心、牢记使命，如何始终统一思想、统一意志、统一行动，如何始终具备强大的执政能力和领导水平，如何始终保持干事创业精神状态，如何始终能够及时发现和解决自身存在的问题，如何始终保持风清气正的政治生态，都是我们这个大党必须解决的独有难题。这就需要用党的创新理论指引解决好大党面临的这些独有难题，需要全党共同调研，在实践中探索破解这些独有难题的措施，以实现新时代新征程党的使命任务。

延迟法定退休年龄是一个涉及全国人民利益的复杂难题，有些群体希望延迟退休，多数群体不希望延迟退休，人力资源和社会保障部等部门经过若干年的调查研究，中共中央和国务院有关文件已提及要实施渐进式延迟退休。新中国成立后一直执行的《国务院关于工人退休、退职的暂行办法》第一条规定，全民所有制企业、事业单位和党政机关、群众团体的工人，男年满六十周岁，女年满五十周岁；从事井下、高空、高温、特别繁重体力劳动或者其他有害身体健康的工作，男年满五十五周岁、女年满四十五周岁，应该退休。

随着经济社会发展，我国的人均寿命岁数已经从新中国成立初期的40 多岁提高到 2022 年的 78 岁左右，而且退休高峰来临，养老保险基金面临着支付压力。因此，沿用了多年的退休年龄已经无法适应目前的社会发展现状。这两年国家层面已多次提及要实施渐进式延迟退休政策，比如，2022 年中共中央、国务院印发的《扩大内需战略规划纲要（2022—2035 年）》和国务院《关于印发"十四五"国家老龄事业发展和养老服务体系规划的通知》这两份文件中明确了"实施渐进式延迟法定退休年龄"。所谓"渐进式"是指一点点地逐步延长退休年龄，若干年后直接延迟到相关年龄。2024 年 7 月，党的二十届三中全会通过的《中共中央关于进一步全面深化改革　推进中国式现代化的决定》指出，"按照自愿、弹性原则，稳妥有序推进渐进式延迟法定退休年龄改革。"2024 年 9 月，十四届全国人大常委会第十一次会议表决通过的关于实施渐进式延迟法定退休年龄的决定提出，延迟退休改革将于 2025 年 1 月 1 日正式启动。实施渐进式延迟法定退休年龄坚持小步调整、弹性实施、分类推进、统筹兼顾的原则。这 16 字原则，各方面配套措施密切配合、高效协同，确保这一事关百姓福祉的改革稳妥有序推进。

我国对延迟法定退休年龄这个复杂难题的破解，坚持调查研究，措施慎之又慎，人民逐渐接受，社会保持平稳。

习近平总书记强调："对本地区、本部门事关改革发展稳定全局的问题，应坚持做到不调研不决策、先调研后决策。""特别是涉及群众切身利益的重要政策措施出台，要采取听证会、论证会等形式，广泛听取群众意见。"① 当前，我国经济社会发展遇到很多复杂难题，比如，经济高质量发展问题，经济金融安全问题，地方政府债务问题，资本市场长期不振问题，以及教育、医疗、住房、就业、环保等问题。这些都是群众最盼、最急、最忧、最怨的问题，需要各级党委和政府部门面对难题"不退缩"，深入调查研究，慎重进行决策，努力把调研成果转化为推进工作、战胜困难的实际成效。

---

① 《习近平党校十九讲》，中共中央党校出版社 2014 年编印，第 290—291 页。

# 新时代新情况的前瞻性调研

凡事预则立，不预则废。前瞻性调研是着眼未来、发现变化、判断趋势、提出对策的调研类型，是支撑"在危机中育新机、于变局中开新局"战略目标的调研类型。2021 年 7 月 28 日，习近平总书记在中共中央召开的党外人士座谈会上的重要讲话中指出："要聚焦经济社会发展重点任务，发挥各自特点优势，开展调查研究，提出前瞻性建议。"

党委和政府许多重大决策与未来发展趋势紧密相关，党政部门的调查研究必须有战略眼光，既要立足当前现实迫切需要，又要兼顾未来发展远景，并且要根据现实和未来的实际变化不断调整完善调研成果，更好地为决策服务。要高瞻远瞩，预见世界潮流和时代大势，预判由此可能引起的苗头性、倾向性问题。这种调研成果的超前性，是以事实为依据，按照事物发展的规律进行研判的，提出的建议是有科学性、合理性的。

习近平总书记在浙江工作时，要求调研选题视野上必须宽广开阔，既要预见潮流和大势所趋，又能看到"风起于青萍之末"的苗头性、倾向性问题。

党的十九届五中全会通过的《中共中央关于制定国民经济和社会发展第十四个五年规划和二〇三五年远景目标的建议》就是典型的新时代新情况的前瞻性调研。2020 年 3 月，中央政治局召开会议，决定党的十九届五中全会重点研究"十四五"规划建议问题，并决定成立文件起草组，由习近平总书记担任组长。为了起草好"十四五"规划建议，3 月 30 日，党中央发出《关于对党的十九届五中全会研究"十四五"规划建议征求意见的通知》，在党内外一定范围征求意见。习近平总书记多次深入地方考察调研，访农家、进企业，察民情、问良策。2020 年 7 月到 9 月，习近平总书记亲自主持召开了 7 场专题座谈会，分别听取企业家、党外人士、经济社会领域专家、科学家、教育文化卫生体育领域专家、地方党政领导、基层代表等各领域各阶层人士意见和建议。

习近平总书记对"十四五"规划编制工作专门作出系列重要指示，要求开门问策、集思广益，把加强顶层设计和坚持问计于民统一起来，鼓励广大人民群众和社会各界以各种方式为"十四五"规划建言献策，切实把社会期盼、群众智慧、专家意见、基层经验充分吸收到"十四五"规划编制中来，齐心协力把"十四五"规划编制好。此外，通过网络累计收到网民建言超过 100 万条，有关方面从中整理出 1000 余条建议。通过互联网就规划编制向全社会征求意见和建议，这在我国五年规划编制史上还是第一次。

文件起草组在广泛听取各方面意见和建议后，反复进行讨论修改形成了建议稿。8 月 10 日，根据中央政治局会议决定，建议稿下发党内一定范围征求意见，还专门听取了各民主党派中央、全国工商联负责人和无党派人士代表意见。文件起草组逐条分析各方面意见和建议，做到能吸收的尽量吸收。建议稿起草期间，中央政治局常委会召开 3 次会议、中央政治局召开 2 次会议分别进行审议。

2020 年 10 月，党的十九届五中全会对建议稿进行审议，文件起草组根据全会提出的意见再次进行修改。全会审议通过规划建议后，国务院"十四五"规划纲要草案编制工作领导小组在前期大量工作的基础上，全面对标对表中央建议精神，起草形成纲要草案。国家发展改革委组织开展 200 多项重大课题研究，组织各地区、各部门和中央企业等研究提出拟纳入纲要的主要目标指标和重大政策、重大改革、重大工程项目，召开系列座谈会听取部门和地方意见，赴中国科学院、社会科学院、工程院等单位听取专家意见，并线下发放问卷 4000 多份。此外，还通过召开座谈会，收到全国人大代表和全国政协委员 300 多条具有建设性的意见和建议。

2021 年 2 月 26 日，习近平总书记主持召开中央政治局会议，讨论国务院拟提请十三届全国人大四次会议审查的规划纲要草案。3 月 5 日，十三届全国人大四次会议开幕，规划纲要草案提请大会审查。大会闭幕前夕，根据代表委员在审查讨论中提出的意见，起草组对规划纲要草案作出 55 处修改。新征程已经开启。衔接历史与未来、统筹国际和国内，"十四五"规划和 2035 年远景目标纲要已落地实施，必将为新征程进一步开好局、起好步。

这是一个事关全局性的前瞻性调研，各地也有类似的前瞻性调研。它涉及国家或地方经济社会发展的各个方面，各级党委和政府需要进行大量深入细致的调查研究，才能制定比较科学的经济社会发展规划和建议。

还有许多前瞻性调研主要涉及某一方面、某一领域。比如，我国经济成分、组织形式、就业方式、利益关系和分配形式等日益多样化、复杂化，引发的党员思想政治状况变化的调研。这就是根据新的形势发展对党员思想状况引发的变化进行专题调查研究、分析判断，研究提出有针对性的建议，供领导决策时参考，以趋利避害，防患未然。

比如，每年国家和各地经济增长指标的制定，就要根据新的一年国际国内形势的发展变化，深入调查研究拉动经济增长的"三驾马车"，即投资、消费、外贸发展趋势，调查研究各地经济增长可能实现的指标，调查研究各行业各领域经济发展的预期，从而预判与实际比较符合的经济增长目标。经济增长目标定得过高或者过低，都不利于经济发展和社会和谐稳定。

当然，前瞻性调研毕竟属于前瞻性，其成果不可能都百分之百准确。特别是出现天灾人祸等不可抗拒的因素，或者国外不确定性影响，这就需要根据实际情况的变化，适时对调研成果作出修订。这是正常的，也是符合事物发展客观规律的。

# 重大工作项目的跟踪性调研

国家和地方在不同时期都会有一些重大工作项目，这些重大工作项目一般规模较大、涉及面广、推进难度大、实施时间长、影响深远，在经济社会发展中处于战略地位。各级党委和政府领导为了更好地了解这些重大工作项目实际进展情况，了解实施过程中取得的成绩和存在的问题，分析形势变化对其造成的影响，及时纠正工作中的偏差，采取有针对性的措施，推进这些项目又好又快发展，就需要进行跟踪性调研，有的还需要反复调研、持续调研、长期调研。可以说，跟踪性调研是持续推动重点工作的必然要求，是领导干部及时打开工作局面的重要抓手，也是树立党和政府良好形象的有效途径。

中国共产党规划的百年奋斗目标就是一个伟大的工程，几代人跟踪调研、接续前行，充分体现了政策的稳定性和连续性。新中国成立初期，毛泽东就高瞻远瞩地指出，建国一百周年的时候，中华民族应当为人类作出更多贡献。1956年1月，他进一步提出："我国人民应该有一个远大的规划，要在几十年内，努力改变我国在经济上和科学文化上的落后状况，迅速达到世界上的先进水平。"[①]毛泽东提出，我们的任务"就是要安下心来，使我们可以建设我们国家现代化的工业、现代化的农业、现代化的科学文化和现代化的国防"[②]。为此，中央还确定分两步走实现现代化的战略构想，第一步，经过三个五年计划时期，建立一个独立的比较完整的工业体系和国民经济体系；第二步，全面实现农业、工业、国防和科学技术的现代化，使中国经济走在世界前列。从"一五"到"四五"时期，中央领导和

---

① 《毛泽东年谱（一九四九——一九七六）》第二卷，中央文献出版社2013年版，第520页。

② 《毛泽东文集》第八卷，人民出版社1999年版，第162页。

中央有关部门跟踪调研每个五年计划执行情况，并根据新的形势提出新的五年计划。

改革开放和社会主义建设新时期，邓小平跟踪调研经济社会发展的新情况，总结新中国成立以来的历史经验，在党的十二大确定的二十年实现翻两番的现代化目标基础上，进一步提出了我国实现社会主义现代化七十年发展战略。党的十三大根据邓小平提出的发展思想形成了从 1980 年到下个世纪中叶分"三步走"战略目标。

党的十六大，根据前二步目标已经提前完成的实际，规划了 21 世纪前二十年"全面建设小康社会"的目标。

党的十七大，根据过去五年经济社会发展情况，提出实现全面建设小康社会目标，并提出新的更高要求。

党的十八大，根据新时代推进社会主义现代化实际作出了新的顶层设计，提出了全面建成小康社会、实现"两个一百年"奋斗目标的新要求、新布局。

党的十九大提出："到二〇二〇年，是全面建成小康社会决胜期"。同时，对实现第二个百年奋斗目标，作出了分两个阶段推进的战略安排。从二〇二〇年到二〇三五年，在全面建成小康社会的基础上，再奋斗十五年，基本实现社会主义现代化。从二〇三五年到本世纪中叶，在基本实现现代化的基础上，再奋斗十五年，把我国建成富强民主文明和谐美丽的社会主义现代化强国。

2020 年，我们党制定了国民经济和社会发展的第十四个五年规划。

党的二十大，根据过去五年经济社会发展的实际情况，进一步确认党的十九大提出的为实现第二个百年奋斗目标作出的分两个阶段推进的战略安排，并对相关目标提出新的更高标准。

总之，我国经济社会发展的每个五年规划和新时期以来每五年一次的党的全国代表大会确立的社会主义现代化建设蓝图，都是党中央、国务院跟踪调研，认真总结上一个五年规划执行情况和上一次党的全国代表大会五年来经济社会发展情况，并根据新的形势和任务提出的。这样既保持了政策的稳定性、连续性，又不断赋予其新内容新目标。中国特色社会主义和中华民族伟大复兴的方向明确、目标宏伟、道路清晰、政策连续、措施得力。世界上很少有政党以百年为跨度来规划自己的奋斗目标，而中国共产党却绘制了"两个一百年"的蓝图，并且还善于把长远目标分解成一个个阶段性任务，把对人民的承诺体现在具体目标落实上。可以说，跟踪调研在我们党绘制"两个一百年"的蓝图中发挥了重要作用。

浙江省"千万工程"（"千村示范、万村整治"工程）的提出是调查研究的成果。二十年来"千万工程"每一次深化则是历届省委和省政府跟踪调研的成果。"千万工程"是时任中共浙江省委书记习近平到浙江工作后不久，用 118 天时间跑遍全省 11 个地市，一个村一个村地仔细考察，在广泛深入调查研究基础上，立足浙江省情、农情和发展阶段特征，准确把握经济社会发展规律和必然趋势，在 2003 年 6 月作出的重大战略决策。当年 6 月 5 日，"千万工程"启动。习近平书记在启动会上作出明确部署："今后五年，对一万个左右的行政村进行全面整治，把其中一千个左右的中心村建成全面小康示范村。"

二十年来，"千万工程"在实践中也遇到过这样那样的困难，但是浙江全省上下始终保持战略定力，一张蓝图绘到底，一任接着一任干，坚持绿色发展，在困难中反复实践、不断跟踪调研，实现一个阶段性目标，又提出新的目标。"千万工程"每一次深化，都是跟踪调研、科学决策的结果。"千万工程"整治范围不断延伸，从最初的 1 万个左右行政村，推广到全省所有近 4 万个行政村；内涵不断丰富，从"千村示范、万村整治"引领起步，推动乡村更加整洁有序，到"千村精品、万村美丽"深化提升，推动乡村更加美丽宜居，再到"千村未来、万村共富"迭代升级，强化数字赋能，逐步形成"千村向未来、万村奔共富、城乡促融合、全域创和美"的生动局面。这项工程全面实施二十年来深刻改变了浙江农村的面貌，为浙江城乡融合发展和推动美丽中国建设提供了科学指引。

新时代新征程上，国家和各地开展各种各样的重大工作项目，有些国家基础建设投资重大项目，政府有关部门会跟踪调研；有些地方推进重大产业项目建设，地方领导会开展跟踪调研。通过一系列跟踪调研，围绕建设重点、项目管理、推进计划、节点进度、问题困难等摸实情、清底数、知全貌，进行研讨谋划、提出改进措施，切实为高质量推进这些重大工作项目建设通堵点、清淤点、解难点。各级党委和政府部门需要围绕党的中心任务，对标对表党委和政府的决策部署，围绕重大工作项目跟踪调研，为领导科学决策提供服务。各级领导抓重大工作项目应该像浙江省那样，不断跟踪调研，一年接着一年干，注意防止换届后可能出现的政绩冲动、盲目蛮干、大干快上以及"留痕迹"、"换赛道"等错误倾向，以扎实的作风做好每个重大工作项目，进一步赢得民心。

## 典型案例的解剖式调研

马克思主义辩证法告诉我们，矛盾的普遍性寓于特殊性之中，矛盾的特殊性中包括着普遍性。如果不认识事物的特殊矛盾，也就谈不上对于事物普遍规律的认识。解剖式调研是通过选取少数有代表性的典型案例进行周密细致的调查研究，探寻其内在的产生、发展变化的规律，集中某一事物的共性，借以大体估计同类事物的本质和发展变化的规律。这种调研是通过调查有代表性的个别事物去了解一般事物的一种方法。

典型案例的解剖式调研是中国共产党人一贯倡导的认识论。中国人口众多，地域辽阔，领导机关和领导干部没有时间、没有精力，也没有必要对各地各方面都进行全面深入调查研究。毛泽东指出："任何领导人员，凡不从下级个别单位的个别人员、个别事件取得具体经验者，必不能向一切单位作普遍的指导。"①"人们总是首先认识了许多不同事物的特殊的本质，然后才有可能更进一步地进行概括工作，认识诸种事物的共同的本质。"②

　　毛泽东亲自开展的许多社会调查，如湖南农民运动考察、兴国调查都是典型案例的解剖式调研。他形象地称之为"解剖麻雀"，麻雀虽小，五脏俱全；天下麻雀基本上是一样的。毛泽东指出："麻雀虽然很多，不需要分析每个麻雀，解剖一两个就够了。"③他还从总结我们党的一些历史经验的高度指出："调查有两种方法，一种是走马看花，一种是下马看花。走马看花，不深入……这是很不够的，还必须用第二种方法，就是下马看花，过细看花，分析一朵'花'，解剖一个'麻雀'。"④党的历史经验表明，什么时候重视"解剖麻雀"式调研，通过试点以取得经验，指导全局工作，什么时候党的事业就会比较顺利发展；反之，则会受到挫折。"大跃进"和人民公社运动，是地方发明的，没有在全国试点，各地自行开展，结果给经济社会发展带来重大挫折。

　　习近平总书记指出："现在通信很发达，通过打打电话、发发微信、看看材料也能了解很多情况，但毕竟隔了一层，没有现场看、当面听、直接问和'七嘴八舌式'的讨论来得真实鲜活。过去常用的'蹲点调研'、'解剖麻雀'的调研方式依然是管用的。我们现在搞的各种试点，成功了再逐步推广，这就是'解剖麻雀'的方法。"⑤新时代中国 14 亿多人口，

① 《毛泽东选集》第三卷，人民出版社 1991 年版，第 898 页。
② 《毛泽东选集》第一卷，人民出版社 1991 年版，第 309—310 页。
③ 《毛泽东文集》第七卷，人民出版社 1999 年版，第 134 页。
④ 《毛泽东文集》第七卷，人民出版社 1999 年版，第 134 页。
⑤ 《习近平谈治国理政》第四卷，外文出版社 2022 年版，第 526 页。

各地情况千差万别，每项大政策的实施关系亿万人民利益，要通过试点，"解剖麻雀"取得经验，再逐步推广。这是我国改革几十年来遵循的一个重要原则。比如，中国式的现代化是全体人民共同富裕的现代化。实现共同富裕不仅是经济问题，而且是关系党的执政基础的重大政治问题，是国家走向现代化必然需要解决的难题。怎样实现共同富裕，破解这个难题，就需要试点先行。浙江省经济社会水平全国领先，民营经济发达，城乡差距比较小，中央因此把浙江省作为全国实现共同富裕的试点省份。共同富裕示范区建设没有经验可以参照，在"试点中试点"成为必由之路。浙江省委、省政府领导到全省进行典型案例的解剖式调研，不断发现并完善一批又一批共同富裕试点。2021 年 5 月 20 日，中共中央、国务院印发《关于支持浙江高质量发展建设共同富裕示范区的意见》。同年 7 月，全省首批涉及缩小地区差距等六大领域的 28 个共同富裕试点应运而生。2023 年，国家发展改革委印发《浙江高质量发展建设共同富裕示范区第一批典型经验》，认真总结提炼了浙江共同试点十条典型经验。这些经验包括：亩均论英雄、数字经济"一号工程"、"两进两回"行动、山海协作……浙江各地探索了不同类型乡村强村富民发展的不同路径，为"强村富民集成改革模式"打下了基础、提供了支撑。温州鹿城区试点"现代慈善体制机制创新助推共同富裕"，嘉兴市试点则为"防范因病致贫返贫模式"先行探索实践路径。一些试点成果甚至在全国形成了较大影响力，比如，杭州富阳区围绕人的全生命周期公共服务试点，创新开展医学检查检验结果互认共享改革，多次获国家领导批示；丽水松阳汇聚资源助力传统村落文化活化利用试点，创新开展"拯救老屋行动"，被写入 2022 年中央一号文件。在深化探索中，期待浙江创造更多可复制的高质量发展建设共同富裕区经验向全国推广。

在新时代，"解剖麻雀"式的调查方式仍然有着不可替代的重要作用。国务院研究室一位领导讲，这些年，他搞调查的基本方式是，先选择具有典型性和代表性的若干地方的农村、企业等基层单位，待上几天"解剖麻雀"，全面了解情况，掌握第一手资料，然后再听取县、市、省有关同志的意见。回京后再与有关部委同志进行商讨。他认为"解剖麻雀"式的调查感受直接、体验深刻、互动性强，这是其他调查方式难以替代的。只有面对面与基层干部群众交流，"问问家长里短事，听听鸡毛蒜皮言"，实地察看情况，才会有切身体会体会和感受。①

## 推动落实的督查式调研

督查式调研是领导机关或领导干部作出决策并付诸实施后的调研类型，是领导决策行为的自然延续，其目的是对决策的执行、落实与效果进行督查，确保党和政府各项重大方针政策能够顺利推进。

我们党越来越重视督查式调研。毛泽东指出："抓而不紧，等于不抓"。这里强调的是，若制定一项决策，没有抓紧落实，没有及时完成任务，等于没有抓。党委和政府面对的许多问题是重要而紧迫的，需要果断处理，抓紧解决。这就要求有关党政部门及时开展督查式调研，快速反应，适时提供有关情况介绍、分析研判和合理化建设，适应和满足领导者决策的需要。

习近平总书记强调："一分部署，九分落实"。"没有督查就没有落实，没有督查就没有深化。""各地区各部门各方面对'国之大者'要心中有数，强化责任担当，不折不扣抓好中共中央决策部署和政策措施落实。"②这里强调的是，政策的部署和落实是紧密联系的，落实比部

①　参见《关于调查研究和文稿起草问题》，中国言实出版社 2020 年版，第 8—9 页。
②　习近平：《论把握新发展阶段、贯彻新发展理念、构建新发展格局》，中央文献出版社 2021 年版，第 354 页。

署要用更多的时间去做。任何工作，如果只有决策没有落实，都只是一句口号，要重视发挥督查在抓落实方面的重要作用。督查工作看准了，就要发扬"钉钉子"精神加以落实。督促检查工作的本质属性就是促进决策工作落到实处。开展督查式调研是各级党委和政府部门特别是办公厅系统的一项非常重要职责。20世纪90年代初，党中央重视督促检查工作，在中央办公厅秘书局内成立督查办公室，正处级单位。现在，中央办公厅督查室已经升格为副部级单位，各地区各部门各方面都设有督查室。

督促检查工作有法规可依。经国务院批准，《政府督查工作条例》自2021年2月1日起施行。政府督查工作是抓落实、促发展的"利器"，有助于打通决策部署的"最先一公里"和政策落实的"最后一公里"。作为我国政府督查工作的第一部行政法规，这个条例的出台实施，明确规定了政府督查的对象、内容、程序等重要事项，对于落实全面依法治国、建设法治政府要求，保障政令畅通、提高行政效能、促进政府全面依法履职具有重要意义。还有《环保督查条例》《统计督查条例》《国税督查条例》等督查条例出台。党的十八大以来，党中央和国务院一些重要文件，提出当年或今后一个时期需要完成的重大目标任务，都会列出主要负责单位、协助负责单位，以及完成任务的时间表、路线图。还有习近平总书记对本地区本部门本领域工作重要指示批示精神的主要情况和重点问题。中央办公厅督查室和国务院办公厅督查部门会定期督查调研，了解任务落实进展情况。

党的二十大明确了中国共产党的中心任务就是团结带领全国各族人民全面建成社会主义现代化强国实现第二个百年奋斗目标，以中国式现代化全面推进中华民族伟大复兴。党的二十大结束后，习近平总书记到陕西、河南、广东、河北、山西、北京、内蒙古、江苏、四川、新疆、黑龙江、浙江、山东、江西、上海、广西等省区市考察调研，深入了解全面贯彻党的二十大精神、推进中国式现代化、推动高质量发展等重大问题。这种考察也可以称为督查式调研。

在广东考察时，习近平总书记指出："广东是改革开放的排头兵、先行地、实验区，在中国式现代化建设的大局中地位重要、作用突出。要锚定强国建设、民族复兴目标，围绕高质量发展这个首要任务和构建新发展格局这个战略任务，在全面深化改革、扩大高水平对外开放、提升科技自立自强能力、建设现代化产业体系、促进城乡区域协调发展等方面继续走在全国前列，在推进中国式现代化建设中走在前列。"①

在江苏考察时，习近平总书记指出："在率先实现社会主义现代化上走在前列，奋力推进中国式现代化江苏新实践，谱写'强富美高'新江苏现代化建设新篇章。"②

在浙江考察时，习近平总书记强调，"要完整准确全面贯彻新发展理念，围绕构建新发展格局、推动高质量发展，聚焦建设共同富裕示范区、打造新时代全面展示中国特色社会主义制度优越性的重要窗口"，"始终干在实处、走在前列、勇立潮头，奋力谱写中国式现代化浙江新篇章"。③

习近平总书记在各地考察时发表的重要讲话，既为当地发展指明方向，也为各行各业以高质量发展推进中国式现代化领航定向。

新时代各地各部门各领域督查式调研任务繁重，要不断提升科学化水平。要突出重点，提高督查针对性。把推进各级党委、政府重大决策、重要工作部署的贯彻落实作为督查调研的重中之重，做到重大决策全程跟

---

① 《坚定不移全面深化改革扩大高水平对外开放　在推进中国式现代化建设中走在前列》，《人民日报》2023 年 4 月 14 日。

② 《在推进中国式现代化中走在前做示范　谱写"强富美高"新江苏现代化建设新篇章》，《人民日报》2023 年 7 月 8 日。

③ 《习近平在浙江考察时强调　始终干在实处走在前列勇立潮头　奋力谱写中国式现代化浙江新篇章》，《人民日报》2023 年 9 月 26 日。

踪，督促调研全力推进，及时发现和着力解决重大决策不落实、执行不到位的问题，确保政令畅通。对群众反映的热点难点问题、领导批示交办事项等重要事项，加大专项督查调研力度。

创新方法，提高督查调研实效性。规范督查调研程序，形成从督查调研的"立项—督查调研—整改—办结"的标准化流程，同时综合运用明查暗访、抽样督查、跟踪督查、驻点督查、回访核查等形式，进一步掌握实情、找准问题、研究对策。

完善机制，提高督查调研长效性。加强统筹协调，在整合纪检监察室、党委督查室、政府督查室等多方督查力量，推动由单一督查向多方合作联动督查转变。完善绩效评价机制，以科学的考评设计、客观的数据材料评价各部门单位的工作。完善责任追究机制，对需要督查调研的事项明确时限、考核标准和责任人，努力构建职责清晰、协调有序的责任体系。建立问题整改机制。对督查调研中发现的问题，通过采取建立台账、挂牌督办、跟踪督办、蹲点督办、"回头看"等方式督促有关部门抓好整改落实。

2019年10月，中共中央颁布《中国共产党党校（行政学院）工作条例》（以下简称《条例》），对新时代党校办学治校的指导思想、职能定位、根本原则和历史使命提出了新的要求。2020年9月，由中共中央党校（国家行政学院）和中共中央组织部有关部门组成联合调研组，在不同片区召开全国各地贯彻落实《条例》情况进行调研，这个调研就是推动落实的督查式调研。从调研情况看：

一是各级党委重视支持，认真履行主体责任。省（自治区、直辖市）、市、县各级党委召开常委会进行传达学习，许多地方研究制定抓好贯彻落实的具体措施。

二是党校（行政学院）自身主动作为，狠抓工作落实。及时向党委汇报，提出贯彻建议，举办校（院）委会议、中心组学习、研讨班、培训班等多种形式，做好学习宣传工作。

三是紧密配合疫情防控，坚持两手抓、两不误。有的地方校（院）作为隔离观察所，有的开展理论研究和撰写咨询报告，一些地方采取网络备课、线上教学、直播授课等开展干部培训。

可以说，党校（行政学院）事业发展进入新阶段。当然，各地贯彻《条例》有发展不平衡问题、有落实不力问题，也有一些难以解决的难题，但是总体上有新的较大发展。

中共中央党校（国家行政学院）还制定并开展《省级党委党校（行政学院）办学质量评估办法》，这就把督查式调研上升至制度层面。相应地，省级党校（行政学院）制定并开展《地市级党委党校（行政学院）办学质量评估办法》，地市级党校（行政学院）制定并开展《县市级党委党校（行政学院）办学质量评估办法》，这样通过上一级党委党校（行政学院）和组织部门对下一级党委党校（行政学院）办学质量评估，一级抓一级，层层抓落实，不断发现问题、查找差距，目的不是评出地方党校（行政学院）谁高谁低的等级差异，而是通过这种评比督促进各级党委发挥主体责任，更加重视党校（行政学院）工作；促进各级党校（行政学院）发扬优点、改掉缺点，加快发展。这种督查式调研对于促进《中国共产党党校（行政学院）工作条例》的落实起到了重要作用。


# 制定调研方案


《方案》要求，各级党委（党组）要围绕调研内容，结合本地区本部门本单位实际，广泛听取各方面意见，研究制定调查研究的具体方案，明确调研的项目课题、方式方法和工作要求等，统筹安排、合理确定调研的时间、地点、人员。党委（党组）主要负责同志要亲自主持制定方案。

搞好调查研究是一项政治性、思想性、政策性和实践性都很强的创造性工作。党中央和毛泽东搞调研，历来重视调研方案。1930 年 5 月，毛泽东在《反对本本主义》一文中，对要开什么样的调查会？调查会到些什么人？开调查会人多好还是人少好？如何拟定调研提纲？领导亲身出马等做了比较详细的论述，这实际上要求主要负责同志要亲自参加调研并主持制定调研方案。

1961 年 1 月 20 日，毛泽东关于组织三个调查组去农村问题写信给田家英："（一）《调查工作》这篇文章，请你分送陈伯达、胡乔木各一份，注上我请他们修改的话（文字上，内容上）。（二）已告陈、胡，和你一样，各带一个调查组，共三个组，每组组员六人，连组长共七人，组长为陈、胡、田。在今、明、后三天组成。每个人都要是高级水平的，低级的不要。每人发《调查工作》（一九三〇年春季的）一份，讨论一下。（三）你去浙江，胡去湖南，陈去广东。去搞农村。六个组员分成两个小组，一人为组长，二人为组员。陈、胡、田为大组长。一个小组（三人）调查一个最坏的生产队，另一个小组调查一个最好的生产队。中间队不要搞。时间十天至十五天。然后去广东，三组同去，与我会合，向我作报告。然后，转入广州市作调查，调查工业又要有一个月，连前共两个月。都到广东过春节。""此信给三组二十一个人看并加讨论，至要至要！！！"① 毛泽东这样的大国领袖治国理政非常繁忙，但重要调研方案他是亲自主持制定、亲自写作的，提出的各项目标既有高标准又具体明确。毛泽东亲自制定调研方案的好作风值得各级领导干部学习。

每一项课题有一个最佳的调研时间。如果调研项目课题不是当时改革

---

① 《毛泽东年谱（一九四九——一九七六）》第四卷，中央文献出版社 2013 年版，第 527 页。

发展稳定的重点热点难点，游离于领导和群众关心的工作之外，通常引不起领导关注，容易"一头热"。对急迫问题及领导机关关注的重要问题，应集中精力、及时调查，快速反应，适时提供情况和建议。"养兵千日，用兵一时。""文当其时，一字千金。"倘若时过境迁，工作重心转移，领导注意力变化，才拿出调研成果，即使写得全面、正确、深刻，也难以大用，等于放了"马后炮"。实际上，在党政部门多数调研成果时效性都比较强，调研成果"生逢其时"，才能"谋当其用"。

同时，到一个地方或部门调研，如果那里发生天灾人祸，就要回避，以免增加基层麻烦。如果那里正在进行一项重要工作，建议也不要去调研。比如，2023 年春季山东淄博烧烤热，吸引全国人民目光，当地广大干部都在集中精力围绕烧烤做好服务各地游客工作。这时，如果不是旅游部门调研取经，其他部门就不要去那里调研了。据说，有一位中央领导在地方调研，正逢全国高考举行，中央领导明确要求调研线路不能影响学生参加高考，原定线路可以取消或改其他线路。中央提出要求大兴调查研究，各地各部门都到地方基层调研，基层接待调研任务很重。这时候就要尽量避免扎堆调研、多头调研、重复调研，努力不增加基层负担。

每一项课题有一个合适的调研范围。中国之大，人口之多，任何课题不可能覆盖到每个地方和每个人，通常选取一部分地区、一部分单位、一部分人作为样本。这样就有一个调研范围的选择问题。每一项课题有一个最佳的调研范围。范围过宽，会造成信息的重复和过剩，其结果是人力、物力的浪费；范围过窄，不利于反映事物的全貌，其结果是"盲人摸象"。这就要求对调研对象的典型性、代表性进行研究。

选择具有典型性、代表性的调查对象与样本，关系调查结论的可靠性与科学性。1930 年，毛泽东之所以选择江西寻乌进行调查，是因为"寻乌这个县，介在闽粤赣三省的交界，明了这个县的情况，三省交界各县的情况大概相差不远"。通过对寻乌的调查，对赣南、闽西的基本情况也就有了大致了解。

毛泽东在谈到典型调查时说："怎样找调查的典型？调查的典型可以分为三种：一、先进的，二、中间的，三、落后的。如果能依据这种分类，每类调查两三个，即可知一般的情形了。"①

习近平总书记要求领导干部开展调查研究，既要调查机关，又要调查基层；既要调查干部，又要调查群众；既要解剖典型，又要了解全局；既要到工作局面好和先进的地方去总结经验，又要到困难较多、情况复杂、矛盾尖锐的地方去调研问题。基层、群众、重要典型和困难的地方，应成为调研重点，要花更多时间去了解和研究。调研中可以有"规定路线"，但还应有"自选动作"。

中央单位的一些重大课题调研经常在东、中、西部不同地区选择有代表性的几个调研地点，以使成果能够反映全国经济社会发展不同水平的客观实际。2019 年，中共中央党校（国家行政学院）承担着《中国共产党党校（行政学院）工作条例》起草工作。当年 4 月，校（院）组织四个调研组，分赴广东、湖南、云南、内蒙古等东、中、西部 9 省区开展专题调研，召开有 240 多名地方党校负责同志参加的 18 个座谈会，听取并吸收对《条例》初稿意见，形成《条例》修订稿。在《条例》"党校（行政学院）的设置和领导体制"部分的条文中，写上了"有条件的乡镇（街道）党（工）委，可以设立党校"，直接原因来自这次调研成果。其实，早在2015 年，社会上有这样一句顺口溜："中央党校风风光光，省级党校稳稳当当，市级党校勉勉强强，县级党校哭爹喊娘"。县级党校普遍存在运转难维持、人才难稳定、教研难开展等困难，导致党校地位边缘化；有些县级党校连校舍都没有，长期租场地办学。2015 年全国党校工作会议后，

---

① 《毛泽东农村调查文集》，人民出版社 1982 年版，第 27 页。

虽然全国许多地方加强了县级党校建设，但是仍然有一些县级党校办学非常困难，在这种情形下，为什么还把更基层有乡镇（街道）党（工）委可以设立党校这条文写上？因为从这次调研中了解到，2018 年之前，广东省有部分镇街设立党校，但是大部分只是挂牌子，实际没有很好地运转。2018 年 6 月，广东省委党校会同省委组织部印发了《关于进一步加强镇街党校建设的意见》，提出把镇街党校办成党委领导下开展党员教育的主阵地、党员干部开展思想教育的大熔炉等，明确按照"有领导机构、有学习场地、有授课老师、有学习计划、有规章制度、有经费保障"的"六有"标准，完善镇街党校办学机制。全省 1626 个镇街全部成立党校，实现镇街党校全覆盖，各项工作开局良好。各地镇街成立由党（工）委书记任党校校长。2018 年，省委组织部投入近 1 亿元统筹加强镇街党校建设。2019 年，开始将镇街党校建设经费纳入市县两级财政预算，每年每个镇街党校由财政划拨的专项资金基本都在 10 万元以上。考虑到我国改革的许多经验是从广东等沿海地区率先创造的，然后逐步向全国推广。这次把广东等地镇街设立党校的经验上升到制度安排向全国推广，但不作统一规定，不一刀切，强调的是"有条件的乡镇（街道）党（工）委，可以设立党校"。这充分体现了党中央对基层党校特别是镇街党校建设和基层党员干部教育培训的重视，体现《条例》要适度前瞻，从全局和长远考虑作出相关制度设计，增强预见性、适应性，更好地发挥《条例》对于新时代党校（行政学院）设置的引领作用。

2019 年 12 月，全国党校（行政学院）校（院）长工作会议召开期间，广东省委党校（行政学院）校（院）长在会议上专门召开了这个经验。北京市委党校采取依托区委党校在乡镇（街道）建立分校的办学模式，推动 12 所区委党校建立了 257 所分校。上海、山东大多数乡镇（街道）设立党校。广西区委党校出台《关于推进乡镇（街道）党校建设的指导办法（试行）》《关于推进村党校教学点建设的指导办法（试行）》，创办乡镇（街道）党校、村级党校，大力推进党校建设向基层延伸。许多农村包括一些城市基层党员一辈子没有上过党校，建立基层党校后，他们非常高兴。

组织调研力量。调查研究是一种创造性劳动，调研主体的主观能动性对于调研的得失成败具有决定性的意义。因此，在调研课题确定之后，重要的是挑选合适的调研工作者。挑选调研人员的基本条件是：政治强、业务精、情况熟、作风好。课题调研的牵头人不仅有见解、会调查，而且有较强的动笔能力。有时需要借助外力进行调研，从外单位借调有关人员参加调研。

加强调研组内部的团结协作。带队领导主导调研进程，主持座谈会议。先介绍调研组这次调研的背景和意图，请大家在座谈会上围绕有关主题或题目畅所欲言。座谈时把握节奏，调节气氛。结束时作个简单总结。会议结束后，及时与其他同志沟通，把自己的想法和体会告诉同仁。其他同志主要做好会议记录和收集材料工作。

拟定调研提纲。调研提纲是调查意图、目的和内容的具体化，是调查方案的重要组成部分。提纲要突出调研的重点、难点和疑点。重点，就是本项课题要着重解剖和分析的问题，应着重弄清楚。难点，就是调研者对调查对象的认识处于混沌状态，需要通过深入细致的调查加以认清的问题。疑点，就是对调查对象有不同说法和看法，需要通过调查释疑解惑的问题。

毛泽东强调，开调查研究会"必须有调查纲目，还必须自己口问手写，并同到会人员展开讨论"[1]。当年，他在开展寻乌调查开始之前，对寻乌基本情况进行摸底了解的基础上，亲自准备和拟定调查纲目，在既有大纲，也有细目。共列出五个大目，每个大目之下又列出几个至十几个细

---

① 《毛泽东选集》第三卷，人民出版社 1991 年版，第 790 页。

目，在细目之下再列出作讨论式调查的具体问题。比如在细目"寻乌城"之下就列出多达 25 个具体问题。寻乌调查的形式多样，开调查会是掌握情况、获取信息的主要方法。调查会开了十多天，由毛泽东本人按照纲目发问。

我们要认真学习毛泽东亲自拟定调查纲目的好做法。拟定调查提纲要利用已有的成果，"站在巨人的肩膀上"，再上一层楼。吃透上情、学习外情、摸准内情。

首先要吃透上情。认真学习与调研主题相关的党中央、国务院的最新部署以及上级制度规定等文件精神，弄清政策界限，掌握相关部委的要求和举措，这样就了解政策、明确方向，后期调研报告就有高度、有大局观。

其次是学习外情。查阅与调研主题相关的研究成果和报刊资料，学习借鉴外地包括境外有关先进理念、创新举措、有效做法。有的成熟做法能够直接借鉴采用，有的措施需要因地制宜创造性吸收，有的经验可以帮助我们启发思路，将这些一一消化掉，在后期调研报告中就能对症下药、靶向治疗。

最后是摸准内情。研究本地实际情况，做到轻车熟路，和调查对象交流有共同语言，就能够使调研过程更加轻松、顺利。反之，实地调研就可能浮在面上、蜻蜓点水，人家讲的你不熟悉，你问的人家又不知道，因为情况不明，而使需要的"大鱼"漏网。

调研提纲通常易犯的毛病是：

平淡。提纲过于笼统，提不出新问题，就起不到活跃思路、开阔视野的作用。在调研的过程中，我们要根据掌握的新情况新问题，及时对调研提纲进行修改，增强针对性、思想性和实效性。

倾向性过于明显。这种提纲实际上已经包括调查者的主观结论，调查成了按图索骥，客观上束缚了调查者的思想，违背了一切结论产生于调查结尾的原则。我们在调研中既要有提纲，又不要"带框框"。"不要有框框，带框框就是找材料来证明我们是对的。"①调研工作要坚持实事求是，在调研中发现新问题、掌握新情况，根据新情况新问题作出符合实际的判断，善于调整、修改和补充原有的观点和建议。

---

① 《邓子恢自述》，人民出版社 2007 年版，第 464 页。

# 第四讲　开展深入调研

　　《方案》要求，要深入农村、社区、企业、医院、学校、新经济组织、新社会组织等基层单位，掌握实情、把脉问诊，问计于群众、问计于实践。要转换角色、走进群众，了解群众的烦心事操心事揪心事，发现和查找工作中的差距不足。要结合典型案例，分析问题、剖析原因，举一反三采取改进措施。要加强督查调研，检查工作是否真正落实、问题是否真正解决。

　　应当根据调研的目的、对象、内容等深入调研，见微知著，敏锐地洞悉发现事物发展变化过程中的苗头性、倾向性等问题。"打破砂锅问到底"，弄清楚事情的来龙去脉，深入分析研判，找准问题的关键点和突破点，提出解决问题的思路和办法。

　　寻乌调查，是一次深度调查，不是"走马观花"式的调查。关于寻乌的交通，毛泽东具体分析了水路、陆路、电报、邮政及陆路交通器具的情况。关于寻乌的商业，毛泽东具体调查了从门岭到梅县、从安远到梅县、从梅县到门岭、从梅县到安远与信丰经寻乌的生意情况，以及惠州来货、寻乌的出口货、寻乌的重要市场等情况，详细调查了寻乌城市场各种货物的种类、店铺分布、经营品种、专卖经营、商品成色、货物来源、市场价格、销售方向、年度贸额、荣枯演变、店员制度等情况。关于寻乌的旧有土地关系，毛泽东从农村人口成分、旧有田地分配、公共地主、个人地主、富农、贫农、山林制度、剥削状况、寻乌文化等九个方面作了详细调查。其中，对寻乌 8 个头等大地主、12 个二等大地主、113 个中地主的具体情况一一进行了分析。关于寻乌的土地斗争，毛泽东从分配土地的方法、山林分配、池塘分配、房屋分配、分配土地的区域标准、城郊游民要求分田、留公田、分配快慢、抵抗平田的人、非农民是否分田、废债、土地税、土地斗争中的妇女等十七个方面进行了深入调查。因此，寻乌调查细致入微，获取的资料十分翔实。

青浦农村调查，是深入、细致调查的一个典范。陈云 1961 年 8 月开展的这次调查题目是当时农村工作中三个政策性问题：即母猪公养还是私养？种双季稻还是单季稻？自留地是留少一点还是留多一点？这次调查很深入，对关键问题用确凿的数字和典型的事实加以论证，很有说服力。

这次调查分五步进行。

一是先派经济学家薛暮桥带一个工作组到上海郊区青浦县小蒸公社调查一个星期；

二是他亲自听取这个公社党委的两次汇报，并召开 10 个专题座谈会；

三是他亲自到农民家中考察若干次，观察他们养猪、种自留地、住房和吃饭等情况；

四是找了与青浦县情况相仿的嘉兴、苏州两县和青浦土地、人口、气候条件不同的萧山和无锡两县调查；

五是就上述三个问题与上海市委、浙江和江苏两省省委交换意见。在这个深入调查的基础上，陈云起草了给中央的调查报告，明确提出了自己对这些问题的看法和政策建议。

这篇在青浦的调查——《母猪也应该下放给农民私养》写得很实在，很有说服力。例如，在谈到母猪私养比公养好处多时，列出几条：喂食喂得好；垫圈垫得好；母猪怀孕后注意保胎；注意接生；保护奶猪；夏天注意防暑，冬天注意保温。因为饲养得当，一头私养母猪全年生产和养大的苗猪，至少比公养的母猪多一倍以上。读了这篇调查报告，如同亲临其境，不得不信服赞同作者的观点。

陈云在青浦县做的《母猪也应该下放给农民私养》《种双季稻不如种蚕豆和单季豆》和《按中央规定留足自留地》三个专题调查报告，虽然是局部的小题目，却是纠正农村工作"左"的错误、恢复和发展农业生产的重大题目，具有全局意义。母猪下放给农民私养，有利于养猪业的恢复、农业生产的恢复和城市供应的改善。

陈云说："在延安的时候，我曾经仔细研究过毛主席起草的文件、电报。当我全部读了毛主席起草的文件、电报之后，感到里面贯穿着一个基本指导思想，就是实事求是。那末，怎样才能做到实事求是？当时我的体会就是十五个字：不唯上、不唯书、只唯实，交换、比较、反复。"[1]"这十五个字，前九个字是唯物论，后六个字是辩证法，总起来就是唯物辩证法。"[2]毛泽东是中国共产党实事求是思想路线的开创者，陈云是毛泽东思想培养下成长起来的党的领袖，一生重视调查研究，追求实事求是。20世纪50年代初关于粮食统购统销决策的调研，50年代后期关于压缩钢铁生产指标决策的调研，60年代初关于调整农村政策的调研，都是陈云通过深入调查研究，力求做到实事求是，制定正确决策的成功范例，很值得我们深思和学习。

陈云强调："领导机关制定政策，要用百分之九十以上的时间作调查研究工作，最后讨论作决定用不到百分之十的时间就够了。"[3]这段名言同毛泽东讲的"调查就像'十月怀胎'，解决问题就像'一朝分娩'。调查就是解决问题"[4]等著名论断有异曲同工之妙，是用不同的语言表达了同样的道理。

---

① 《陈云文选》第三卷，人民出版社 1995 年版，第 371 页。
② 《陈云文选》第三卷，人民出版社 1995 年版，第 372 页。
③ 《陈云文选》第三卷，人民出版社 1995 年版，第 189 页。
④ 《毛泽东选集》第一卷，人民出版社 1991 年版，第 110—111 页。

习近平总书记指出："领导干部进行调查研究，要放下架子、扑下身子，深入田间地头和厂矿车间，同群众一起讨论问题，倾听他们的呼声，体察他们的情绪，感受他们的疾苦，总结他们的经验，吸取他们的智慧。既要听群众的顺耳话，也要听群众的逆耳言；既要让群众反映情况，也要请群众提出意见。尤其对群众最盼、最急、最忧、最怨的问题更要主动调研，抓住不放。这样才能真正听到实话、察到实情、获得真知、收到实效。"①

习近平总书记是这么说的，也是这么做的。无论他在地方任职，还是在中央工作，外出考察调研时，总是看到他深入田间地头和厂矿车间，同群众一起讨论问题。习近平总书记工作那么忙，深入群众调研的作风却一直没有变，这种深入调研的好作风值得各级领导干部学习。

## 深入基层　深入群众

"知屋漏者在宇下，知政失者在草野。"人民群众最了解实际情况，最容易发现问题。从革命时期毛泽东的系统调研报告，到新时代以习近平同志为核心的党中央提出大兴调查研究，尽管百年来中国社会性质和主要矛盾几经变化，但是深入基层、深入群众开展调查研究的风气一直在提倡和坚守。

毛泽东在革命的不同时期，对人民群众用了五个形象的比喻：铜墙铁壁、眼睛、上帝、土地、水。毛泽东相信人民，依靠人民，为人民的利益而斗争。他将个人的价值同民族命运的改变和人民苦难的拯救密不可分地联系在一起，始终站在人民大众的立场上，全心全意为人民服务。毛泽东来自人民，和人民有天然的联系。他总是强调，调查研究要有满腔的

---

① 《习近平党校十九讲》，中共中央党校出版社 2014 年编印，第 288 页。

热情，"眼睛向下的兴趣和决心"、"求知的渴望"、"甘当小学生的精神"，要放下架子，同群众做朋友。

毛泽东指出，中央领导机关是一个制造思想产品的工厂，如果不了解下情，没有原料，也没有半成品，怎么能够制造出产品？[①] 他说："我在北京，差不多听不到什么，以后要出来走走。"他实在不甘于身居红墙内靠听汇报发文件左右中国大局。新中国成立后，毛泽东经常离开北京到各地视察，坚持并提倡调查研究深入一线，真正"沉"下去，深入基层、深入群众，选择一两个调查点，"解剖麻雀"，从中获得智慧和力量，以取得实践经验，指导全局工作。

1958年7月1日至7日，周恩来冒着酷暑高温，到广东省新会县（今江门市新会区）视察。周恩来一到新会，就嘱咐地方负责人："不要使我同群众有距离。"他深入工厂、农村调查研究，调查高粱和水稻杂交试验，又察看了海岛棉和剑麻，听小学老师讲课。在五和农场，他与干部职工围坐在一棵大树底下，谈生产、谈计划，还为农场技术员亲手端上茶水。在参观葵厂时，他拿起葵扇，给正在烙画的青年工人扇风取凉。临别时，他走到送行工人的后排，与老工人握手话别。7月7日上午，周总理迈步登上新会人民礼堂的讲台，向两千多名干部群众作了三个小时的报告。在礼堂作报告时，群众很热情却被拦在会场门外，总理笑问："为什么把我同人民群众隔开来？"

习近平总书记强调："搞好调查研究，一定要从群众中来、到群众中去，广泛听取群众意见。人民群众的社会实践，是获得正确认识的源泉，也是检验和深化我们认识的根本所在。"[②]"现在，各方面对调查研究是重视的，但还要下更大功夫，关键是把调查研究做深做实，避免浮在表面、

---

① 转引自《邓小平文选》第二卷，人民出版社1994年版，第117页。

② 《习近平党校十九讲》，中共中央党校出版社2014年编印，第287—288页。

流于形式。要眼睛向下、脚步向下，经常扑下身子、沉到一线，近的远的都要去，好的差的都要看，干部群众表扬和批评都要听，真正把情况摸实摸透。"[1]"要抓调研，加强对重大改革问题的调研，尽可能多听一听基层和一线的声音，尽可能多接触第一手材料，做到重要情况心中有数。"[2]

习近平总书记在河北正定任职时交了很多朋友，这是他深入社会进行调查的一种方式。他有个"草根"朋友叫贾大山。贾大山是正定的一位作家，善于从农民的角度来看整个社会。他不是党员，从他眼里看到的、写出来的老百姓，是非常接地气，乡土味儿极浓。习近平主动拜访贾大山，和他一见如故，每次聊天都很投机。贾大山给习近平讲正定的历史、风土人情，习近平给贾大山讲他插队的经历，讲陕北穷苦的父老乡亲，讲他当过大队支书的梁家河村。

习近平还与一些农民交往。他和许多有一技之长的农民交朋友，有一位农民科学爱好者叫张新立，是农村里的那种"能人"、"致富能手"，他喜欢搞无线电，后来开了个工厂搞声控灯光设备。习近平看了他的产品，觉得这个设备效果好，这种发明也填补了当时国内市场的空白。习近平就积极帮他联络北京文艺团体采购他的设备，一些文工团，包括中央电视台都买了张新立的设备。习近平和他交朋友，实际上也是调研，帮助他开拓市场，观察他怎么做企业，吸收一些经验。

1988 年 12 月 20 日，刚刚从福建厦门调任宁德地委书记的习近平亲自参加了在福建霞浦县举办的首次"地、县领导接待群众来访日"活动，同102 名来访群众面对面对话，受理各种问题 86 件，其中有 12 件当场答复解决，其余的要求相关部门在一个月内处理完毕。

习近平在当天晚上召开会议，对一段时间以来的信访接待下基层工作

---

① 习近平：《努力成为可堪大用能担重任的栋梁之才》，《求是》2022 年第 3 期。

② 《习近平关于全面深化改革论述摘编》，中央文献出版社 2014 年版，第 149—150 页。

进行总结并对下一阶段工作进行部署，要求约访制度和下基层开展信访接待日活动的制度要坚持下去，并把它作为一个重要的工作方法加以推广。之后，宁德地委、行署将每月的 20 日作为地县乡三级领导接待群众来访日，为群众办了大量实事，解决了大量信访问题，受到了百姓的拥护和欢迎。习近平亲自推动了宁德"四下基层"：宣传党的路线、方针、政策下基层，调查研究下基层，信访接待下基层和现场办公下基层。

"四下基层"重大意义在于：领导干部下基层，主要目的在于倾听群众意见、了解真实情况；根本要求是改进作风、为民办实事。"四下基层"活动开展得好不好，成效怎么样，要让群众来评议。"四下基层"能否实现常态化、出成效，关键看主要领导干部和领导机关带什么样的头，怎么样带头。

习近平总书记在担任福州市委书记时，对市委政研室的领导说，你们不能把眼光只放在关心的政策研究上，要到基层调研，收集群众关注的热点、难点、焦点问题，把眼光放到人民群众中去。

习近平总书记担任浙江省委书记时指出，我们作出一项科学合理的决策，往往需要大量客观、真实、有效的信息。办公厅的同志担负着为省委和省委主要领导起草文稿的重要职能，更要注重实践，注重调研。

我们党执政已经七十多年，中国特色社会主义进入新时代，一些领导干部容易骄傲自满，高高在上，脱离群众、脱离实际。事实上，我国经济社会中存在许多困难，迫切需要调研深入基层、深入群众，为领导干部帮助基层和群众解决实际困难提供决策咨询服务。

## 总结典型　推广经验

这类调研是有针对性地选择有代表性的地方、单位或个人作为典型来研究，从中找出共性、普遍性，推广经验，以点带面，促进整体工作。这是遵循客观事物的个性与共性、特殊性与普遍性辩证统一的原理为基础的，是我们党长期坚持的一种好做法好经验。毛泽东的《兴国调查》《长冈乡调查》，总结了江西革命根据地和闽西革命根据地扩红和经济社会发展的经验，毛泽东将这两个模范乡的经验向其他革命根据地推广。1964年，党中央和毛泽东总结大庆经验，向全国发出"工业学大庆"的号召，大庆经验的传播和推广，对振兴全国人民自力更生、奋发图强的精神，对推进社会主义建设事业的发展，起到了积极作用。1966年2月，新华社播发的由穆青、冯健、周原采写的长篇通讯《县委书记的榜样——焦裕禄》，在全国引起强烈反响，焦裕禄成为各级干部学习的好榜样。60多年前，浙江枫桥创造了"发动和依靠群众，坚持矛盾不上交，就地解决"的"枫桥经验"。1963年11月，毛泽东批示要求各地仿效，经过试点，推广去做。"枫桥经验"历久弥新，具有旺盛生命力，枫桥坚持小事不出村、大事不出镇、矛盾不上交的基本理念，紧紧围绕为了群众、依靠群众、发动群众的主题，根据形势发展变化，不断丰富和发展了"枫桥经验"。

笔者曾经工作过的中央办公厅调研室，在20世纪八九十年代，总结了全国各地不少典型经验在《人民日报》等报刊发表，产生了较好的社会效果。1988年《东莞十年——对我国沿海农村社会主义建设的一个成功典型的考察》报告，以东莞为例，总结了在对外开放中取得巨大成功的珠江三角洲模式崛起六条经验。1990年《好在共建　贵在坚持——福建三明市十年精神文明建设的经验》调研报告，总结了三明市十年精神文明建设成就、经验，提出的三条建议都有针对性、预见性和操作性：在适当时候召开中央一次全国社会主义精神文明建设工作会议或经验交流会，有关社会主义精神文明建设的指标在"八五"计划中应得到较好的体现，要研究设立全国和地方精神文明建设指导机构的问题。这些建议都来自基层、来自实践、来自群众，有合理性、科学性，先后得以落实。1990年《社会主义现代化建设的强大精神支柱——临沂地区弘扬沂蒙精神的调查》报告，发表在当年 11 月 16 日的《人民日报》头版，产生了较大的影响。这是笔者 1990 年 7 月研究生毕业选调到中央办公厅调研室工作后，组织安排我们五位年轻干部到山东临沂地区挂职锻炼时，调研室领导带队一起搞的深入调研。1991 年 4 月 30 日，《人民日报》发表了《"三个没想到"说明了什么——临沂地区农村社会主义思想教育的调查与思考》。这是我们五位年轻干部到山东临沂地区挂职锻炼时，对当地农村社会主义思想教育实践深入调查后写的，中央领导对此报告充分肯定并有重要批示。

这类总结典型的调研在全国很普遍，在各地各部门都有。哪里工作做得好，我们去调研，把有关做法写清楚，把有关经验总结好。这是锦上添花的事，调研中把经验总结好了、提炼好了，就更有示范效应、更容易推广。


## 去困难地方　排忧解难


衡量调研搞得好不好，关键要看能不能把难题解决好。对于调查研究，习近平总书记多次强调，要多到困难多、群众意见集中、工作打不开局面的地方去，体察实情、解剖麻雀，全面掌握情况，做到心中有数。这为我们用好调查研究指明了前进方向、提供了重要遵循。

然而，一些领导干部"嫌贫爱富"，只到工作局面好和先进的地方去总结经验，鲜少到困难较多、情况复杂、矛盾尖锐的地方去研究问题，更不用提到群众意见多、工作做得差的地方去；一些领导干部"选择性屏蔽"信息，只喜欢听群众的顺耳话，过滤群众的逆耳言；有的拒绝啃"硬骨头"，他们主动躲险滩、避难题，不碰难题积案和顽瘴痼疾等……一番"糊弄"下，调研效果必然大打折扣。调研中，面对各种突出问题和现实困难，广大党员干部必须勇于涉险滩、破难题，敢于知难而进、迎难而上，在敢战能胜中展现作为与担当。

习近平总书记一直坚持到困难地方调研，切实帮助群众解决困难的做法，值得各级领导干部认真学习。1989 年 7 月 19 日，时任宁德地委书记的习近平第一次到下党乡调研。距寿宁县城 40 多公里的下党乡，算得上是寿宁最偏僻的乡镇。车开到平溪乡的上屏峰村，公路不通了。习近平就戴上草帽、拿上毛巾和木棍，顶着烈日、冒着酷暑，沿着崎岖的山间小路，步行 7.5 公里，走了两个多小时到达下党乡下党村。那时，下党乡是无公路、无自来水、无电灯照明、无财政收入、无政府办公场所的"五无乡镇"。在习近平的大力推动下，宁德地委随后支持下党乡建设资金 72 万元，其中 32 万元用于公路建设、40 万元用于建设电站，以解决无公路、无电问题。

1989 年 7 月 21 日，下党乡遭受百年一遇的洪水灾害。7 月 26 日，习近平再次冒雨步行赶到受灾最为严重的下党乡下屏峰村察看洪水灾情，慰问受灾群众。

1996 年 8 月 7 日，已经任中共福建省委副书记的习近平再次来到下党乡。在他的协调下，下党经杨溪头村与浙江庆元县对接公路由省交通厅立项，1998 年建成通车。

习近平说："下党是他一辈子都忘不了的地方"。行路难，是下党人最苦涩的回忆；行路难，却没有挡住共产党人访贫问苦的步伐。如今，下党乡已经有了 5 条通乡公路、10 条进村公路，其中包括一条出省公路。如今，下党村人均年收入达到 9602 元。以农业、林业、茶业、畜牧业为主体的立体农业格局初具规模，下一步更深层次的旅游业态也即将全面展开。

2003 年 9 月 18 日，时任中共浙江省委书记的习近平率省直 15 个有关部门负责人和金华市、浦江县党政主要领导，在浦江县浦江中学共接访 436 批、667 人次，创造了省领导亲自下访接访的信访工作的浦江经验。

他的示范带动浙江党员干部真下真访民情、实心实意办事，是改善干群关系、加强基层治理的生动实践。

习近平为何要"走下去"，第一站又为什么会选在浦江？改革开放以来，浙江市场取向改革比较早，既具先发优势，也使一些矛盾和问题较早露端倪，通过信访渠道大量反映出来。浦江人历来"好诉讼"，信访问题相当突出，2002年全县48多万人，共受理群众信访10307件次。习近平在确定拟接访县时明确指出，浦江信访问题多、矛盾集中，群众意见比较大，就到那里去。习近平同志下去浦江接访之前，省、市、县信访局两次提前发布公告，根据群众来访的不同问题分成若干组分别接待，当天接访解决了八九十个问题。浦江有位叫蒋星剑的村民向习近平同志反映20省道浦江段因山高坡陡、年久失修而漫天尘土、遍布坑洼、事故频发等问题。习近平同志认真听完他的诉求，在征求省有关部门负责人意见后，当场拍板：这是一条山区群众的"小康之路"，不仅要建，而且要建好。2005年10月，全长19.8公里的20省道浦江段全线贯通，昔日崎岖不平的盘山公路变成了平坦宽敞的阳光大道，浦江县西部20多万山区群众实现了多年的夙愿。

20年来，"浦江经验"历久弥新，浦江县以常态化的下访接访，推动干部观念作风转变，一任接着一任地干换来的是信访数量的持续下降和基层治理成效的不断优化。数据显示，20年间，浦江县信访总量从2002年的10307件次下降到2022年的629件次；浦江县在浙江省平安建设综合考核中已连续多年居于前列。2020年，浦江"下访接访"信访工作被国家标准化管理委员会列入社会管理和公共服务综合标准化项目，"使'浦江经验'进一步上升为可复制推广的'浦江标准'"。

习近平总书记提出精准扶贫战略，就是在深入贫困地区调查研究的基础上提出来的。党的十八大闭幕不久，他就到河北阜平县考察脱贫工作。党的十八大以来，他走遍14个集中连片特困地区，而且年年去、常常去，直接到贫困户看真贫、扶真贫，直接听取贫困地区干部群众意见，不断完善扶贫思路和扶贫举措，不断推进工作，带着感情去抓，带着践行宗旨的承诺去抓，最终在全党全国共同努力下打赢了脱贫攻坚战，贫困地区广大群众高兴了，全国人民高兴了。

2023 年，习近平总书记到北京、河北受灾地区调研，看望灾区群众安置工作和恢复生产、生活情况，帮助他们解决问题。

各级领导干部要向习近平总书记学习，发扬越是艰难越向前的勇气，经常深入困难大、矛盾多的地方，练胆魄、磨意志、长才干，帮助人民排忧解难，把共产党的人民情怀和社会主义制度的优越性展现出来，多做雪中送炭工作，争取民心，巩固党长期执政的群众基础。

## 克服形式主义、官僚主义

2003 年，习近平同志曾在《浙江日报》"之江新语"栏目发表的第一篇文章，题目就是《调研工作务求"深、实、细、准、效"》，这五个字，蕴含着深刻的哲理和方法论，也反映出习近平同志深入、唯实的调研作风。

习近平总书记多次强调，调查研究千万不能搞形式主义，不能搞浮光掠影、人到心不到的"蜻蜓点水"式调研，不能搞做指示多、虚心求教少的"钦差"式调研，不能搞调研自主性差、丧失主动权的"被调研"，不能搞到工作成绩突出的地方调研多、到情况复杂和矛盾突出的地方调研少的"嫌贫爱富"式调研。① 这些调研中的形式主义、官僚主义，严重影响决策的科学性，妨碍党的路线方针政策的贯彻执行，也损害领导机关、领导干部的形象。领导干部调查研究要有好的作风，既要"身入"基层，又

---

① 参见《习近平著作选读》第二卷，人民出版社 2023 年版，第 112 页。

要"心到"基层，听真话、察真情，真研究问题、研究真问题。

克服"蜻蜓点水"式调研。一些领导干部调研时坐着小车转，隔着玻璃看，先拍照，再吃饭，这种浮光掠影、人到心不到的"蜻蜓点水"式调研危害极大。"无实事求是之意，有哗众取宠之心"是不行的！有的基层干部群众将此类调研形象地描述为"掉到井里的葫芦，在水上浮着"。只是走马观花地看一看，不下马看花，不深入基层、深入实际、深入现场解决具体问题。这种调研无助于了解社情民意，无益于科学决策。1956 年，毛泽东在同拉美代表谈到"我们党的一些历史经验"时指出，搞好调查研究，最基本、最常用的方法有两种："一种是走马看花，一种是下马看花。走马看花，不深入，因为有那么多的花嘛。看一看、望一望就走，这是很不够的，还必须用第二种方法，就是下马看花，过细看花，分析一朵'花'。""走马看花"，就是多跑几个点，多问一些人，尽量扩大调研"样本"的数量与"覆盖"的范围，借以了解普遍存在的现象，从宏观上对事物有一个总体性和全局性的认识和把握。"下马看花"，就是在摸清整体情况基础上，注意研究某"一朵花"的细节与特征，从微观上了解和掌握事物。合格的调查研究，要做到两种方法结合着用，才能形成更为科学、立体、缜密的调研结论。

克服"钦差"式调研。一些领导干部出门调研前就兴师动众，层层打招呼，要求下级做好各种准备和安排，在众人簇拥下，打官腔，说官话。1941 年 3 月，毛泽东就指出："有许多人，'下车伊始'，就哇喇哇喇地发议论，提意见，这也批评，那也指责，其实这种人十个有十个要失败。因为这种议论或批评，没有经过周密调查，不过是无知妄说。我们党吃所谓'钦差大臣'的亏，是不可胜数的。而这种'钦差大臣'则是满天飞，几乎到处都有。"①中国共产党执政后，这种"钦差大臣"只会更多。我们原来在

---

① 《毛泽东选集》第三卷，人民出版社 1991 年版，第 791 页。

中央机关工作时，到地方调研，领导经常会叮嘱我们，要多听、少说。若是中央机关人下去调研，说个不停，地方的同志谁还敢说。因此，领导调研要摆正心态和姿态，少作指示，虚心求教，拜人民为师、向人民学习，让人民说话，这样才能听到实话、察到实情、获得真知、收到实效。

克服"被动"式调研。这种调研也称为"盆景式调研"，是指调研者失去了主动权，被安排，被牵头鼻子走，按照被调研单位设计好的路线图开展调研。一些干部下基层调研，提前多日就下发通知，给基层充分的"准备"时间。基层自然精心安排，甚至演练多次，达到领导满意为止。此类调研成风，问题更多出在上级身上，上有所好，下必甚焉。破除"被动式"调研，领导干部要深入群众，"一竿子插到底"，沉到一线，亲身体验。要改进工作作风，敢于突破常规，既走规定路线，又有自选动作，不妨半路下车，"突然袭击"。唯有把基层情况摸透找准，才能让出台的政策符合基层实际，让制定的措施顺应群众心声，得到基层群众的拥护。

克服"甩手掌柜"式调研。中央要求大兴调查研究，一些上级部门名义上开展调研，实际上把各种责任和任务下发给基层单位。有的领导干部调研不到现场，拟个通知，提出要求，让基层整理材料、收集数据，调研报告由基层代写，这种重部署轻落实的"甩手掌柜式"调研，只会造成"竹篮打水一场空"的结局。其原因是领导干部思想上对调研的重要性没有给予足够的重视，责任感不强，客观上普遍会议多、活动多，感觉没有时间调研，只好把调研任务压在基层。这种"调研甩锅"、"材料流转"等违背了调查研究的初衷，难以达到应有的工作效果。领导干部要树立宗旨意识、责任意识，亲力亲为，用自己的眼睛看到最真实的情况，用自己的耳朵听到最真实的声音。只有通过亲自深入一线调查研究，真切感受了解社情民意，才能找到解决问题的思路和对策。

# 第五讲　创新调研方法

一些调查研究成果质量不高，既有调研深度不够的问题，更有创新不够的问题。《方案》要求，县处级以上领导班子成员每人牵头一个课题开展调研，同时，针对相关领域或工作中最突出的难点问题进行专项调研。要创新调查研究方法，综合运用座谈访谈、随机走访、问卷调查、专家调查、抽样调查、统计分析等方式，充分运用互联网、大数据等现代信息技术开展调查研究，提高科学性和实效性

调查研究是我们工作中的一项重要方法。调查研究是运用各种途径、各种方式，有计划、有目的地了解真实情况；然后通过由表及里、由此及彼、去粗取精、去伪存真的思维加工，以获得对客观事物本质和规律的认识。毛泽东反复强调，共产党员和干部要学习的不是"本本"，而是社会科学的方法。比如，他提出，调查研究通常可以采用归纳法、演绎法。归纳法是指理论是从现实材料的分析得来，演绎法是指通过调查研究检验理论，二者相辅相成：运用归纳法时，必须制定调查规则，否则得到的只能是现象和随感；运用演绎法时，一定要围绕问题进行，否则容易把调查会开散。

2003 年 2 月，时任浙江省委书记的习近平在省委理论学习中心组学习会上指出，在调研方法上要多样化，一种方法不如几种方法好。他要求党员干部在具体实践中，根据调查任务和要求的不同，采用不同的调查方法，把微观调查和宏观调查结合起来，把定性分析和定量分析结合起来，

大胆创新，多管齐下，提高调研工作的效率和调研成果的质量。

调查研究是一项系统性、综合性、科学性较强的工作，每项调查方法都各有特点和长处，实际工作中往往要多种方法灵活运用，从不同侧面、不同角度、不同对象获取丰富的信息资料。同时，针对一些专业性、技术性较强的项目，还要采取抽样框、样本设计、分层抽样、试验调查等方式，才能达到调查研究的目的和效果。

## 组织好座谈会

毛泽东说："开调查会，是最简单易行又最忠实可靠的方法，我用这个方法得了很大的益处，这是比较什么大学还要高明的学校。到会的人，应是真正有经验的中级和下级的干部，或老百姓。"[①]召开一个座谈会，一般安排在 2—3 小时之内，控制会议规模，往往找 8—10 人参加，每人可以发言 15—20 分钟。提前设置好议题，调研负责人主导座谈会进程，会上营造畅所欲言的氛围，引导交流碰撞、相互启发。

怎样找准被调查者？被调查者找准了，可以起到以一当十的作用；找不准，常常广谈薄收。

向熟悉情况的人调查。我们在调查中常常遇到这样的情况，在某单位就某个问题分别找几个或十几个人座谈，但是真正能提供所需情况的就是那么二三个人。找到了这二三个人，写报告所需要的材料就多。否则，记录虽然一大本，能够用得上的没几句。在一个单位，对某种情况的熟悉程度之所以不同，主要是因为分工不同、工作时间不同或工作水平不同。如何寻找熟悉情况的人？先在被调查单位寻找分

---

① 《毛泽东选集》第三卷，人民出版社 1991 年版，第 790 页。

管这项工作的人，再从中寻找从事该项工作时间较长、经验丰富、能力较强的人。寻找的途径，可以要求该单位领导介绍，可以向上级单位有关人员打听，还可以从报刊和内部参考资料中发现，尽可能把他们作为调查对象。但是，向调查组汇报情况的很多可能不是这种最熟悉情况的人。原因有多方面：其一，领导者出于礼节考虑，主动承担了汇报的全部任务。作为单位领导，对全面情况当然比较熟悉，但对于我们所要了解的那一方面情况未必如下层知道得详细。其二，领导同志和最熟悉情况的同志一起汇报，但因为领导同志占用时间较多，最熟悉情况的同志发言时间有限。其三，虽然最熟悉情况的同志参加了汇报会，并准备发言，但由于职务较低，轮不到他发言。其四，最熟悉情况的同志因其他工作离不开，一时抽不出时间汇报。根据这几种情况，我们可以采取以下措施：第一，在听取领导同志汇报后，另安排时间找最了解情况的同志单独座谈；第二，明确指出与某某同志座谈；第三，调整自己的日程表。

向领导者个人调查。如果是对一个地方、一个单位的整体情况进行调研，则领导者个人是重要调查对象之一。一个地方、一个单位工作如何，与这个地方或单位主要领导人的思想状况、工作状况有密切联系。这个地方或单位工作为什么能够取得突出成绩，有哪些经验，存在哪些不足，我们通过与这个地区或单位主要领导人接触，大概可以知道一二三。有机会听取主要领导的情况介绍，当然是获取信息的主渠道。但是由于以下原因，这种汇报很可能会使我们不满足：其一，因汇报照顾各种因素，就显得过于平稳和一般化，缺少特色。其二，汇报稿是由秘书班子起草的，起草者对工作结果知道较多，但是对于工作过程知道较少，感受不深，汇报中抽象的东西较多，有血有肉的东西少。其三，领导者和起草者所准备的材料与我们的意图不完全符合，需要的东西讲得少，不需要的东西讲得多。为了弥补主渠道的不足，我们很有必要与领导者单独接触，因为这些事情是他们亲身干的，能说出这么多事情的曲折与细节，以及他们在干这些事情时的感受，甚至许多生动的语言和深刻的思想，都是其他人想不出来的，在正规场合汇报也听不到的，往往这些又是很重要的。接触领导者的方式很多，如乘车途中的交谈、饭前饭后的交谈，还有专门安排的个别交谈，等等。

向调查者调查。为了掌握真实情况，我们尽可能获取第一手资料。但是，由于多种因素限制，我们不可能事事都能亲临现场，有时也需要获得一些二手资料，以弥补第一手资料的不足。为此，就需要向调查者调查。比如，我们调查研究某一课题，之前有的记者或其他工作人员，已经对此课题作过多次调查，掌握了很多情况。将这些人作为调查对象，了解他们所掌握的情况，获得他们的资料，既有助于修正我们的调查方案，少走弯路，又能给我们增加许多在调查中得不到的信息。比如，关于福建三明市精神文明建设调查，事先听说新华社福建分社的一位记者对三明市精神文明建设作过十多次调查，写过不少报道。于是，把他请到三明市，作为调查对象之一，结果为这次调查提供了很大帮助。比如，要调研浙江"千万工程"情况，就可以找出 2023 年中央办公厅、中央宣传部和农业农村部等单位搞的联合调研报告先学习，有不懂的地方再去深入调研。

向专家调查。专家的特点是，长期从事某领域的研究，既有这一领域的理论知识，又有这一领域的实践经验，往往对调查研究对象的认识入木三分。我们从事某项调查，如果把他们作为调查对象，有利于开阔眼界，理顺思路，深化认识。毛泽东和党中央在决定长江三峡工程是否上马时，就找了专家调查，而且是不同意见的专家，通过对比作出决策。1961 年，陈云在上海青浦农村进行调查，就先派经济学家薛暮桥带一个工作组到上海郊区青浦县小蒸公社调查一个星期。

# 实地蹲点调研

这是一种传统的调研方式，许多地方实行干部与群众"三同"，即同吃、同住、同劳动。一竿子插到底，带着问题、带着感情真正沉下去，虚心向基层干部群众学习，学会"刨根问底"，掌握第一手鲜活材料。前些年，中央组织部 30 余名干部组成 10 个调研小组，利用 15 天时间分赴湖北等 10 省份的 10 个村蹲点调研，了解村级班子运行情况和村情村貌。住房城乡建设部青年干部在北京、上海等 5 省市实地调研走访大约 80 个居民小区或公共充电站，深挖充电难问题的根源。

# 提高个别谈话的艺术

个别谈话是迄今为止，最原始、最忠实、最可靠的搜集第一手材料的方法之一。个别谈话的好处是，访谈者没有心理负担，可以把大家在一起时不好说的内容说出来，能够谈得深、谈得透。许多调查报告不具体、不生动，语言干瘪，论述没有起伏，一个重要原因是忽略了个别谈话这个环节，或者下功夫不够。从一定意义上说，个别谈话是否普遍、有效，直接影响调查的质量。

个别谈话是一门艺术，要收到预期效果，在谈话前应精心设计好提问的要点和方式。谈话开始前，应尽快增加相互信任感，对方不愿谈的问题别追问。对方谈话内容不适合调查的要求，要耐心听下去，谈一次话能用上十分之一，就算有收获。每次谈话时间不宜太长，一次谈不完可约谈二三次。一对一、面对面深度交谈，投入情感，说心里话。时间要尽可能长，把问题聊深聊透聊彻底。

提高记录的准确性。录音机、录音笔的出现，大大提高了记录的准确度，对手工记录仍有不可替代的功能。因为对多数被调查者来说，不愿意用录音机或录音笔来记录他们的谈话。

做好笔记记录。一是记重点，如对方提供的关键人物、重要情节、新颖观点、精彩语言等都应是作为重点记录下来。二是记容易忘记点，如时间、地点、人物、数字和专业术语。三是记录疑点，特别是与他人提供的有出入的材料、线索，以便核对或深挖。记录应做到当天清、当天复核和整理，否则，时过境迁，凭大脑记忆会不准。

## 调研技巧和方式的与时俱进

在充分运用我们党在长期实践中积累的有效调研方法的同时，应当借鉴西方社会学调查方法，适应当今社会信息网络化的特点，进一步拓展调研渠道、丰富调研手段、创新调研方法，学习、掌握和运用现代科学技术的调研方法，如问卷调查、统计调查、抽样调查、专家调查、网络调查、数字调查等，逐步把现代信息技术和网络技术引入调研领域，提高调研的效率和科学性。

### 问卷调查

问卷调查是采用问卷表来收集和研究有关情况的调查方法。现代社会常用的抽样调查主要方法是问卷法。美国著名社会学家艾尔·巴比说过："问卷是社会调查的支柱。"英国著名社会学家莫泽也说过："社会调查十有八九是采用问卷方法进行的。"问卷调查自 20 世纪 80 年代以来，在我国逐步普及，得到广泛应用。

问卷调查主要优点有：不受时间和空间限制，可用较少的人力、物力和财力投入，获得较多的信息；由于问卷提问统一，回答内容和形式统一，便于计算机处理和作定量分析；问卷调查一般不要求被调查者签署姓名，减小了被调查者的心理压力和顾虑，获得信息较为真实。

问卷调查也有一些缺点：答问方式受到限制，这种调查方式不是面对面的双向沟通交流，这就不可能收到现场发挥和深化调查内容的效果；问卷调查是通过被调查者的主观判断间接了解客观事实，因而可能影响调查结果的真实程度和准确程度；如果调查对象对所调查的内容兴趣不大、责任心不强，问卷的回收率会受到影响。

调查问卷是问卷调查的主要工具，问卷设计得好不好，直接关系到调查活动的质量。因此，问卷设计对于问卷调查是具有决定性意义的关键环节。设计问卷的过程是对调研做整体谋划的过程，应充分考虑各方关切，反映对工作的全方位思考。问卷调查设计应注意以下几点：问卷的内容与调查主题有关联性，问卷提出的问题应当简单明了，易于理解；问卷的排列应该先易后难，由浅入深；用语力求准确，通俗易懂；提问不带有主观倾向，避免暗示和诱导性提问等。问卷发放的形式有现场发放、邮寄问卷、报刊发放、派人送发、网上发放和电话问卷等。[①] 问卷调查适用于普查、抽样调查，也可以运用于典型调查和个案调查，但它更适宜的是大范围调查。问卷调查的广泛应用，还有赖于运用统计和电子计算机等方面对调查资料进行计量处理。由于调查单位可能没有这方面专业人才，有时需要找一些调查统计方面的专业公司把调查结果通过量和图表方式展示出来。

据时任河北省正定县委办公室副主任的李亚平回忆，习近平同志在正定县任职时经常搞问卷调查。那时在正定还是很稀罕的事，以前没有人搞

---

① 参见《新时代领导干部调查研究指南》，天津人民出版社 2019 年版，第 94—102 页。

过，不知如何下手，主要是不知道该怎么设计问题。习近平同志说："设计问题，应该主要围绕老百姓对县委和县政府工作的反映和评价，还有就是老百姓目前对多种经营有什么样的认识，自己打算搞哪些多种经营，等等。"① 这种问卷调查，比较类似于现在的社情民意调查。那个时候，受条件所限，调查的方式比较原始，就是习近平同志带着县委的干部、工作人员，选在正定县城大集的时候，在大街上摆桌子，来赶集的老百姓一从我们这里经过，我们就主动递给他们纸条，纸条上的内容就是调查问卷。一开始我们去拉人、发问卷，老百姓不知道我们要干嘛，要调查啥，还有点不太接受。后来，老百姓了解了情况，就主动到我们摆的"摊儿"前面来给我们反映问题。他们有的说种地遇到了这个问题，有的说搞养殖遇到了那个困难，说的都是一些特别具体、特别实际的事情。这样的大规模调查问卷，习近平就搞过五六次。这也是习近平调研的基本方法之一。②

比如，中央组织部在修订《干部教育培训工作条例》时，组织一万余名干部参加问卷调查，请国家统计局对调研数据进行详细分析。③ 比如，教育部青年干部就多孩家庭入学问题面向全国教育行政领导、中小学和幼儿园校（园）长、家长等设计3种不同的问卷，31个省区市共回收问卷3.27万份。这就把问卷调查的优势体现出来了，调研结果有一定的代表性、科学性，"管中窥豹，可见一斑"。

### 网络调查

网络调查是指以网络为载体，利用计算机和网络技术作为信息收集渠

---

① 《习近平在正定》，中共中央党校出版社2019年版，第210页。

② 参见《习近平在正定》，中共中央党校出版社2019年版，第210—211页。

③ 参见《〈干部教育培训工作条例〉〈全国干部教育培训规划（2023—2027年）〉学习辅导》，党建读物出版社2023年版，第55页。

道的一种调查方式，是社会调查在网络上的应用与发展。网络调查的主要优势：网络调查不受地域限制和时差影响，不受天气、气候等客观因素影响，速度快、周期短、效率高；网络调查无须调研人员到现场，无须场地，实现"无纸化"操作，问卷回收、数据录入工作均使用计算机完成，省时、省力、省成本；被调查者无须面对调查人员，客观性较高，匿名性强；由于采用计算机代替手工处理，数据易于收集、处理，避免了人为误差；利用互联网对决策各要素进行优化，能够推动决策主体从精英转向大众，决策结构从等级转向扁平化，决策方式从经验驱动转向数据驱动，从而提升决策质量，更有效解决经济社会问题。

网络调查的局限：网民有一定的特殊性，年轻人多、年龄大的人偏少，高收入者偏多、农村人口偏少，不能代表所有受众；信息收集者无法感知被调查者填写问卷时的主观感受和心理状态，网络新闻为了增加其点击率，往往夸大、裁剪和渲染事实；难以保证问卷与被调查者一一对应；网络安全性问题等。

网络调查的主要方法包括：电子邮件调查法、网站（页）调查法、在线座谈法和网上文献法等，其中电子邮件调查法和网站（页）调查法是最常用的。

当今时代，互联网发展日新月异，信息化浪潮席卷全球。我国网络技术发展迅速、网民众多，有 10.67 亿人，位居世界第一，这是截至 2022 年 12 月我国网民规模；13.79 万亿元，位居世界第一，这是 2022 年我国网上零售金额；6.19 万门，位居世界第一，这是截至 2022 年 11 月我国"慕课"数量；……这一组组世界第一的数据，映照出一个古老东方大国在互联网和信息化浪潮中的踔厉奋发、勇毅前行。[1]

---

[1] 参见黄庆畅、金歆：《从网络大国阔步迈向网络强国——党的十八大以来我国网信工作成就综述》，《人民日报》2023 年 7 月 15 日。

习近平总书记明确指出："网络空间是亿万民众共同的精神家园。""网民来自老百姓，老百姓上了网，民意也就上了网。"他要求各级党政机关和领导干部要善于运用网络了解民意，学会通过网络走群众路线，了解群众所思所愿，收集好想法好建议，积极回应网民关切，做好解疑释惑工作。他强调对网民的观点和看法"要多一些包容和耐心"，"为了实现我们的目标，网上网下要形成同心圆"。① 这就是中国共产党人的网络群众观。这些年来，中央和国家机关有关部门，在制定我国经济社会发展规划、起草党的全国代表大会报告和政府工作报告时，充分借助网络平台，走好网上群众路线，了解群众所思所愿，收集网民的意见和建议。

2024 年，《政府工作报告》起草组在起草十四届全国人大二次会议《政府工作报告》时，充分听取了网民的意见。针对社会各界对《政府工作报告》起草高度关注，很多新闻媒体、网络平台、微博、论坛等都整理了网民的意见。比如，中国政府网联合 29 家网络媒体平台开展了"@国务院我为政府工作报告提建议"的建言献策活动。截至 3 月 4 日，累计收到网民建言超过 160 万条，比 2023 年增长 82％。中国政府网从中精选出 1150 条有代表性的建言转给起草组。还收到来自 40 多个国家的网友建言，包括投资人、经济学家、教师、医生等，他们对中国投资兴业、签证办理、到中国旅游购物等提出了意见建议。提出建言的外国网友数量和涉及国家数量均比前几年大幅增长。对于各方面意见和建议，包括网民建言，起草组是逐条研究，看看能不能吸纳，哪些能全部吸纳，哪些能部分吸纳，还要考虑怎样吸纳，文字上如何表述。② 笔者在深圳市直机关工委工作期间，曾经主持工委系统党员干部队伍思想状况调研。那次调研采取定性与定量分析相结合的方法和无记名方式开展。一方面，通过工委系统

---

① 《习近平著作选读》第一卷，人民出版社 2023 年版，第 471—472 页。

② 参见《十四届全国人大二次会议〈政府工作报告〉辅导读本 2024》，人民出版社、中国言实出版社 2024 年版，第 427—428 页。

内部网页和微信平台，以分层抽样方式向工委系统党员发放电子问卷，设计了不同内容的若干题目，共有 13643 名党员参与了问卷调查，占市直机关工委系统在册党员总数 54327 人的 25.1%。另一方面，召集组织了 13 家代表性较强的市直机关党组织负责人和党务干部参加座谈会，从党员思想现状评价、存在问题、成因分析及对策建议的角度进行了沟通交流。问卷题目由工委出，问卷收回后，由专业公司用不同的图案色彩形象展示出来，效果非常好。深圳市直机关工委系统党员干部队伍思想状况调研连续搞了三年，调研报告送市委领导用于决策参考，其中有一年的调研报告通过市委办公厅报中央有关部门参阅。

## 大数据分析

随着网络化的快速发展，各种数据资料在经济社会各领域不断地产生和积累。智慧城市的发展，微博微信等社交网络的兴起，智能手机的普及，使得每一个地方都充满网络的触手，人们的活动都将在网上留下痕迹，被成千上万只网眼观察、记录，形成宏大的数据集合。大数据作为一种新的资料搜集和分析方式，对传统的调查方法构成了严峻的挑战，也为新时代调查研究方法的发展提供了重大机遇。

2015 年 8 月 31 日，国务院印发的《促进大数据发展行动纲要》（国发〔2015〕50 号）指出，大数据是以容量大、类型多、存取速度快、价值密度低为主要特征的数据集合，正快速发展为对数量巨大、来源分散、格式样多的数据进行采集、存储和关联分析，从中发现新知识、创造新价值、提升新能力的新一代信息技术和服务业态。要建立"用数据说话，用数据决策、用数据管理、用数据创新"的管理机制，实现基于数据的科学决策。

在大数据时代，信息传播手段和方式都发生明显的变化，当一个人的习惯、潜意识、社会关系等被大数据知悉掌握，大数据似乎成了算命先生，能够预测你的未来。一些社会学家正在探讨如何从大数据记录人们行为的轨迹中，发现社会问题，分析社会关系。

新时代应当探索调查研究与大数据相结合的途径。调查研究要充分整合和利用各类大数据，创新数据搜集和分析方式。大数据也应结合传统的调查统计数据，才能对经济社会发展作出正确的判断。要围绕数据的采集、整理、分析、发掘、展现和应用等环节，推动大数据与调查研究的深度融合，创新新时代的调查研究方法。[①] 大数据在市场调查中得到广泛应用，在医学、公安、军事等领域发挥重要作用。前几年，国务院发展研究中心青年干部利用算法模型对大数据进行分析，对比疫情前后社会反应寻找有关线索，收到较好的效果。


## 学习借鉴国际经验


培养国际视野，多渠道了解掌握相关领域其他国家的规则和做法，积极借鉴有益经验为我所用。比如，外交部 100 多个驻外使馆青年干部深入了解驻在国国情，分析以色列农业社区组织、新加坡社区养老模式、韩国垃圾分类、南非国家公园建设等利弊得失，为国内相关政策制定和管理提供借鉴和参考。海关总署青年干部对中国、美国和欧盟童装、童鞋、儿童滑板车等技术法规及标准体系进行系列比较研究，提出跨境电商进口婴童用品质量安全指数，填补了跨境电商监管领域指数研究的空白。

西方一些知名调查机构常年做的政府信任度调查、选情调查，经常运用问卷调查、电话调查或网络调查、大数据分析等方式获取信息，展示其专业性、客观性和权威性。

---

① 　参见周批改：《毛泽东调查研究方法》，人民出版社 2023 年版，第 193 页。

世界知名调查机构爱德曼 2022 年发布的一份信任度调查报告显示，2021 年中国民众对中国政府信任度高达 91％，在受访国家中排名第一。① 美国哈佛大学近年来的调查结论也与此类似。国际知名民调机构益普索集团发布的全球幸福指数调查报告显示，在 32 个国家中，幸福感指数最高的国家是中国（91％）。②

在中国已经执政七十多年的中国共产党何以拥有如此高的人民支持率？关键在于中国共产党是人民的选择，这种选择本质上就体现了中国人民对中国共产党的认同。中国政府保持经济增长、不断改善人民生活的努力是政府得到民众高度信任的主要因素。同时，近三年中国政府应对新冠疫情，极力保护公民健康安全，得到了民众的信任。

美国皮尤研究中心发布研究报告称，美民众对联邦政府信任度持续低迷已近 20 年。调查结果显示，1958 年，大约 75％的美国人相信联邦政府大部分时间会做正确的事情。自 2021 年以来，只有 24％的人表示大部分时间可以信任政府。据 2022 年最新统计，这一数字跌到最低（21％）。③

皮尤研究中心以美国民众对政府观感为由，在 2022 年 4 月和 5 月对 5074 名美国成年人进行了调查，结果显示，65％的美国民众认为大多数政治候选人竞选公职是为了"服务个人利益"。相比之下，只有 21％的人表示大多数政治候选人竞选公职是为了"服务社区"。

调查结果显示，民众对联邦政府有关政策的评价褒贬不一。自 2020

---

① 参见《报告显示中国民众对政府信任度蝉联全球第一　外交部发言人：并不意外》，中国政府网，2022 年 1 月 21 日，见 https://www.gov.cn/xinwen/2022-01/21/content_5669608.htm。

② 参见《国际知名民调机构：中国人幸福感全球最高》，中国青年网，2023 年 3 月 20 日，见 https://baijiahao.baidu.com/s?id=1760842880964971415&wfr=spider&for=pc。

③ 参见《皮尤调查显示美民众对政府信任度近 20 年来持续低迷》，人民网，2022 年 6 月 20 日，见 http://world.people.com.cn/gb/n1/2022/0620/c1002-32451178.html。

年以来，民众对联邦政府加强经济给予正面评价的比例从 54％ 下降到
37％。此外，民众对联邦机构的职业雇员有很大信心的比例为 52％，而
对总统任命的官员有很大信心的仅为 39％。

调查结果还显示，当被问及联邦政府为解决美国各群体的担忧做了多
少工作时，人们普遍认为联邦政府在处理影响中等收入群体（69％）、低
收入群体（66％）和退休群体（65％）的问题上做的太少。而在调查的
11 个群体中，高收入群体是唯一一个大多数人（61％）认为政府做的太
多的群体。

华为是闻名世界的卓越企业，是中华民族的骄傲。华为的管理也是独
树一帜。据媒体报道，华为中层管理人员就有 2000 多人。任正非每年给
他们发放一双皮鞋，用作年底考评的依据。通过鞋底的磨损程度来评判工
作的辛勤程度。这个规定实施后很快见成效。2000 多名中层管理人员中
有 80％ 的时间不再坐在办公室，有些甚至不再需要办公室。他们每天都
活跃在生产车间、研发部门和市场一线。通过大量的现场走访，他们发
现了许多之前未曾察觉的问题，并为华为提出了很多解决问题的方法和
建议。

# 第六讲　坚持党性原则

《方案》要求，调查研究必须坚持实事求是，坚守党性原则，一切从实际出发，理论联系实际，听真话、察实情，坚持真理、修正错误，有一是一、有二是二，既报喜又报忧，不唯书、不唯上、只唯实。

## 坚持实事求是

习近平总书记指出："在调查研究中能不能、敢不敢实事求是，不只是认识水平问题，而且是党性问题。只有公而忘私，把党和人民利益放在第一位，才能真正做到实事求是。"[1]

习近平总书记长期在地方工作，非常了解基层情况，他说："现在有的干部善于察言观色，准备了几个口袋，揣摩上面或领导的意图来提供材料。很显然，这样的调研是看不到实情、得不到真知、做不出正确结论的。"[2]

习近平总书记特别强调："年轻干部要坚持以党性立身做事，把说老实话、办老实事、做老实人作为党性修养和锻炼的重要内容，敢于坚持真

---

[1] 《习近平党校十九讲》，中共中央党校出版社 2014 年编印，第 289 页。
[2] 《习近平党校十九讲》，中共中央党校出版社 2014 年编印，第 288 页。

理，善于独立思考，坚持求真务实。这对党和人民事业有益，对个人健康成长也有益。做人老实不是愚钝，做事踏实不会吃亏。对党不忠诚，做人不老实，就会生出取巧之心，就会去搞拉关系、走门路、权钱交易等投机钻营那一套，最终会聪明反被聪明误。"①

据时任中共浙江省委副秘书长薛驹回忆：1961 年 2 月 6 日，田家英和我接到电话通知要向毛主席汇报调查情况。我们经过 10 天调查，内容是大量的，但如何综合分析，向毛主席提出建议，很不容易。田家英在和我商量时说了交心话。他说，如果如实反映公共食堂的情况，提出解散食堂的建议，他是感到有压力、有风险的。1959 年庐山会议"反右倾"，他也曾经受到批评，记忆犹新。

田家英说，但我们是共产党员，必须对党对人民负责。坚持人民利益高于一切的原则，如果汇报后要打屁股，就打我的屁股。凡是违反群众利益的事情，一定要敢于向上面提出意见，办不办食堂并不改变社会主义，不怕戴"右倾机会主义"帽子，不怕受打击。我当时听了以后，很受感动。

2 月 5 日，田家英在杭州刘庄如实地向毛主席和浙江省委领导详细汇报了两个生产队的调查情况，主要反映三个问题：第一，和合生产队水稻亩产由常年的四百多斤下降到二百九十一斤（1960 年），造成粮食生产大幅度减产的原因，主要由于"五风"的严重破坏；第二，和合生产队的规模太大，共辖十一个小队；第三，社员对公共食堂普遍不满，不愿意在食堂吃饭，食堂实际上是造饭工厂，不做菜，社员将饭打回去，还得再热一次。② 这些情况深深地触动了毛泽东的心，他静静地听着，深深地吸着烟，边听边思索。

---

① 《习近平谈治国理政》第四卷，外文出版社 2022 年版，第 529 页。
② 参见《毛泽东年谱（一九四九——一九七六）》第四卷，中央文献出版社 2013 年版，第 535 页。

田家英还在汇报中提出了自己的建议：中央搞一个人民公社工作条例。田家英这种敢于实事求是、敢于坚持真理的精神，对我是一次极为深刻的教育，给我留下非常深刻的印象。

毛主席听后，对县、社和生产队规模问题、办食堂问题、去"五风"问题、粮食指标问题、自留地问题等都发表重要意见。他指出："过去这几年我们犯错误，首先是因为情况不明。情况不明，政策就不正确，决心就不大，方法也不对头。医生看病是先诊断，中医叫望、闻、问、切，就是先搞清病情，然后处方。我们打仗首先要搞侦察，侦察敌情、地形，判断情况，然后下决心，部署队伍、后勤等等。历来打败仗的原因大都是情况不明。最近几年吃情况不明的亏很大，付出的代价很大。"① 他还指出："要做系统的由历史到现状的调查研究。省委第一书记要亲自做调查研究，我也是第一书记，其他的书记也要做调查研究，由你们负责去抓。只要省、地、县、社四级党委的第一书记都做调查研究，事情就好办了。"② 他听取田家英建议，组织力量经过调查研究，集中了广大群众和干部的要求，起草了《农村人民公社工作条例（草案）》。但这个条例（草案）是不是正确，是不是符合实际，是否行得通，还有些什么问题需要解决，他认为需要再到群众中去征求意见，放到实践中去检验一番。

# 敢于担当作为

习近平总书记指出，干部敢于担当作为，这既是政治品格，也是从政本分。"我的执政理念，概括起来说就是：为人民服务，担当起该担当的

---

① 《毛泽东文集》第八卷，人民出版社 1999 年版，第 253 页
② 《毛泽东文集》第八卷，人民出版社 1999 年版，第 252 页

责任。"①担当作为铸就了我们党的百年辉煌，锻造了过硬的干部队伍，成为党的重要法宝。

对领导干部来说，无论是调查研究还是从事其他工作，有一种素质是重要的，这就是勇于担当，胆识过人。这种素质是伟大领袖必备的素质，也是各级干部应当努力具备的素质。

美国著名作家海明威将勇气定义为"重压之下的从容"。他在第一次世界大战期间随军在红十字会工作，被授予银制勇敢勋章；在第二次世界大战期间担任战地记者；1953 年，他以《老人与海》一书获得普利策奖；1954 年此书又获诺贝尔文学奖。他一向以文坛硬汉著称，他是美利坚民族的精神丰碑。我们认为，他丰富的人生阅历具备给勇气下定义的资格，他给勇气下的定义也比较合理。

意大利记者法拉奇经历过第二次世界大战，1945 年从事新闻编辑和报道工作。1967 年，她成为越南战争的战地记者。她采访过邓小平、基辛格、甘地夫人、阿拉法特等政治人物。她说过："我发现这些掌权者并不是出类拔萃的人。决定我们命运的人，并不比我们优秀，并不比我们聪明，也并不比我们强大和理智，充其量只比我们有胆量，有野心。"②虽然面对这些政要，她展现出了不屑，但在她的心中，却有一个人是她最敬佩的，就是邓小平。她说："在我的采访者中，他是唯一一位如此智慧、如此坦率和如此文雅的伟人。"

"整个谈话过程中，两人时而短兵相接，时而谈笑风生。"1980 年 8 月 21 日、23 日，担任翻译、后来出任过大使的施燕华回忆起当时情景，仍清晰得好像发生在昨天。

采访就在这样轻松的气氛中开始了，一直到中午十二点多。这时邓小

---

① 《习近平著作选读》第一卷，人民出版社 2023 年版，第 221—222 页。
② 〔意大利〕奥莉娅娜·法拉奇:《我不相信神话》，陈波译，南海出版公司 2023 年版。

平主动对法拉奇说："怎么样，到吃饭的时间了，肚子要闹革命了。看来你还有问题没问，我们找时间再谈一次吧。"法拉奇喜出望外，连说"好啊！好啊！"

施燕华大使说："我看法拉奇高兴得几乎是从沙发上跳起来的。这样和记者谈两次，在以前是从没有过的。其实，这是因为邓小平有话要说。邓小平希望借助法拉奇，向世界传达一个重要信息：中国共产党不会全盘否定毛泽东主席。"

毛泽东在湖南第一师范读书时，学校开展考察学生德、智、体优秀的"人物互选"活动，全校十一个班四百多人参加选举，选出三十四名。毛泽东得票最多，按考察内容独得六项优秀，包括敦品、自治、胆识、文学、才具、言语，其中言语、敦品两项得票数第一，胆识项得票为他所独有。那年，毛泽东年仅 24 岁。《毛泽东年谱》对胆识一词的解释："如冒险进取，警备非常。"① 人们经常称毛泽东"浑身是胆"，但他的大胆却不是盲目蛮干，而是他基于对情况的了解和事先的深思熟虑，谋定而后动。毛泽东的这种勇于担当、这种胆识过人，体现在中国革命和建设的方方面面，体现在内政外交国防各个领域，受到了党内成员和中国人民的称赞，受到了敌人的称赞，还受到了国外政要的称赞。

邓小平是一代伟人，经历了跌宕人生，开创了伟大事业，建立了不朽功勋。他改变中国历史，泽被亿万人民，影响整个世界。毛泽东评价邓小平：敢决断，绵里藏针。在革命、建设和改革的整个岁月，邓小平都勇于担当、善于作为。

1978 年 5 月 21 日，邓小平在人民大会堂接见了美国国家安全事务助理布热津斯基。布热津斯基为邓小平风趣幽默的言谈折服，后来

---

① 《毛泽东年谱（一八九三——一九四九）》上卷，人民出版社、中央文献出版社 1993 年版，第 27 页。

邓小平访美期间，布热津斯基还专程在家设宴欢迎邓小平到来。他后来写道："邓小平立即把我迷住了。他精明而机警，理解力强，有很好的幽默感；态度坚定，直截了当。""我对他的目标感和使命感印象深刻。"①

习近平同志担任河北正定县委副书记时，经常下乡调研，开座谈会，通过调研很快发现，这个全国闻名的高产县竟有不少农民连温饱都不能保证。正定县在经济上是农业单打一，在农业上是粮食单打一。国家每年粮食征购 7600 多万斤，县里为了交征购，年年扩大粮食面积，压缩经济作物面积。粮价三十年一贯制，小麦一斤一毛二，玉米一斤八分钱。粮食交的越多，群众收入水平就越低。当时全国闻名的"农业学大寨"典型村——三角村，还有不少人到外县买薯干来维持生活，因为在本县买怕给"高产县"丢面子。1981 年底，正定的工农业总产值 20673 万元，人均年收入仅 148 元，每天只有 4 角钱。"农业学大寨"先进县的锦旗高悬在县委的会议室里，而老百姓却不得温饱。没人敢提出异议，面对这个"高产穷县"，习近平同志的心情却十分沉重。"吃饭问题是解决正定问题的当务之急"，习近平同志认为，高征购造成了正定农业结构比例失调，必须及时纠正。这很快成为县委一班人的共识。是坐等中央调整政策，还是主动地向上反映问题，大家却有不同意见。当时县委书记冯国强、县长程宝怀考虑到习近平同志刚到正定工作，不愿意让他出面，怕对他造成不好影响。习近平同志说："实事求是向上级反映问题是我党的优良传统，你们不用担心。"于是，他和吕玉兰一起跑省进京，向上级部门如实反映正定人民的生活状况和存在的困难。1982 年初夏，国务院派出调查组和省委、地委一起对正定的情况进行深入调查后认为，正定反映的问题是真实的，

---

① ［美］傅高义：《邓小平时代》，冯克利译，生活·读书·新知三联书店 2013 年版，第 315 页。

要求是合理的。上级决定把正定粮食征购任务减少 2800 万斤，初步缓解了正定农民口粮紧张问题。1983 年，县里对种植结构进行调整，适当压缩粮食作物面积，扩大经济作物面积，当年种植"中棉十号"17 万亩，一年农业产值就翻了一番，农民人均收入从 148 元涨到了 400 多元，翻了一番半，一年就彻底解决了农民的温饱问题。习近平同志坚持人民立场，为了人民利益，如实向中央反映情况，这种敢于担当的人民情怀值得各级领导干部学习。

当年，南方一些地方正推行农业"大包干"，河北省还没有启动，在习近平同志推动下，正定先行试点。当时县委书记冯国强认为，现在正定还不能搞"大包干"，等中央文件再说，等省里有了新精神再考虑，在这个问题上，我们不能冒尖犯错误。习近平同志说："我认为'大包干'是件好事，是调动农民种田积极性的好方法。"在他的推动下，县委和县政府经过认真讨论研究，确立了"先行试点，逐步推开"的工作思路，决定在经济落后、生产条件差、农民生活水平低、离县城较远的里双店公社搞"大包干"试点。工作刚开始，不少干部群众有疑虑，怕犯方向错误、路线错误。实践是检验真理的唯一标准。里双店实行"大包干"后，当年农业产值就翻了一番，人均收入增加到 400 多元。这不仅震动了全县，还引来了络绎不绝的省内外参观者，让地处"北疆沙土园"的里双店一下子热闹起来。活生生的事实，解除了全县干部群众的各种顾虑，吹响了正定发展经济的号角。1983 年 1 月，正定县下发了包干到户责任制的办法，提出土地可以分包到户，承包后五年或更长时间不变。在经营管理上，坚持宜统则统、宜分则分的原则。"大包干"在正定全面推广，在河北省开创了先河。看准了，就勇敢地试、加油地干。习近平同志这种勇于担当的作风在改革开放的伟大实践中显得尤为可贵。

2006 年 8 月 9 日晚，时任浙江省委书记的习近平在全省防御 8 号超强台风电视电话会议上强调，全省各级党委、政府和领导干部必须在思想上高度重视，宁可信其有，不可信其无，坚决克服麻痹松懈思想，立即到岗到位，科学防台抗台，坚持以人为本，以"不死人、少伤人"为目标，切实把确保人民群众生命安全放在首位，严阵以待，全力做好防台、避险和抗灾等方面工作，最大限度减少灾害造成的损失，努力夺取防台抗台斗争的全面胜利。那时，几百名渔民认为经历过风浪，在船上没有风险，不愿下船上岸，在习近平同志亲自指导下，当地领导通过强制手段把所有渔民弄到岸上。后来，8号超强台风把渔船都掀翻了，如果当时不采取果断措施，几百名渔民可能葬身大海。习近平同志就是这样坚持人民至上，对人民负责。他是这样说的，也是这样做的。

新时代十余年的伟大变革，改革发展稳定，内政外交国防、治党治国治军取得的历史性成就、发生的历史性变化，无不体现习近平总书记历史的主动精神、巨大的政治勇气、强烈的责任担当。他作为党的领袖展现出来的责任担当、胆识气魄，不仅为中国人民普遍称赞，也为世界各界人士所肯定。

面对军队系统一段时期内腐败严重的状况，党中央和中央军委狠抓全面从严治军，在古田召开全军政治工作会议，以整风精神推进政治整训，牢固树立战斗力这个唯一的根本的标准，重构人民军队领导指挥体制、现代军事力量体系、军事政策制度，人民军队体制一新、结构一新、格局一新、面貌一新。

面对2019年香港修例风波引发的局势动荡变化，中央政府依照宪法和香港基本法有效实施对特别行政区的全面管治权，制定实施香港特别行政区维护国家安全法，完善香港选举制度，深入推进粤港澳大湾区建设，香港局势实现由乱到治的重大转折。这就从制度上、从根本上为保持香港繁荣稳定奠定了扎实基础。

面对一度出现的管党不力、治党不严问题，一些党内突出问题没有得到及时有效解决，严重损害了党的执政基础时，习近平总书记以"得罪千百人、不负十四亿"的使命担当祛疴治乱，果断作出全面从严治党重大战略部署，以改进党的作风为切入口，牢牢抓住政治建设这个党的根本性建设，坚决改变管党治党宽松软状况，推进正风肃纪、反腐惩恶，党内政治生态明显好转。

# 第七讲　写作调研报告

《方案》指出，全面梳理汇总调研情况，运用习近平新时代中国特色社会主义思想的世界观、方法论和贯穿其中的立场观点方法，进行深入分析、充分论证和科学决策。特别是对那些具有普遍性和制度性的问题、涉及改革发展稳定的深层次关键性问题，以及难题积案和顽瘴痼疾等，要研究透彻、找准根源和症结。

毛泽东在《改造我们的学习》中指出："我们要从国内外、省内外、县内外、区内外的实际情况出发，从其中引出其固有的而不是臆造的规律性，即找出周围事变的内部联系，作为我们行动的向导。而要这样做，就须不凭主观想象，不凭一时的热情，不凭死的书本，而凭客观存在的事实，详细地占有材料，在马克思列宁主义一般原理的指导下，从这些材料中引出正确的结论。"[1] 在这段话中，毛泽东强调了在深入调查的基础上，重点要在马克思列宁主义一般原理的指导下，精心研究，找出事物背后的内在规律，引出正确的结论。

我们在新时代写作调研报告，无疑要坚持运用习近平新时代中国特色社会主义思想的世界观、方法论和贯穿其中的立场观点方法，去分析研究调查得来的资料，找准问题的根源，提出初步政策建议。在此基础上，领导班子要交流调研情况，进一步研究对策措施，形成解决问题、促进工作

---

[1] 《毛泽东选集》第三卷，人民出版社 1991 年版，第 801 页。

的思路办法和政策举措，确保每个问题都有务实管用的破解之策。

# 调研报告的最大特点是什么？

调研报告最大特点是用事实说话，从事实中看到成绩和问题，从而引申出建议或对策。一个高质量的调研报告应做到：成绩讲够、问题点透、分析到位、经验可信、建议可行。

# 调研报告的写作程序怎样？

一般来说，调研报告的写作可分五步：酝酿提纲、写出初稿、修改加工、征求意见、核实定稿。这五步中最重要的是酝酿阶段。有人把主题比作调研报告的灵魂，结构比作调研报告的骨架，材料比作调研报告的血肉。酝酿就是要把主题提炼鲜明，结构安排合理，材料分配得当。酝酿阶段，一定要舍得花工夫，议得细、议得深，有利于出初稿。出初稿要快，不宜时间拉得很长，初稿把议的东西立起来，先大致看看成不成个东西，不行就得及时调整。

# 怎样提炼主题？

调查阶段关键是要"沉下去"，研究阶段关键是要"浮上来"。所谓"浮上来"，就是要站在全局的高度看问题，高屋建瓴，善于抓住事物的本质和矛盾的主要方面。主题就是调研报告的中心意思。报告主题要突出、不要贪多；详略要得当，不要平均使用力量，面面俱到。一般来说，一个调研报告以集中讲一个问题为宜，便于调动各种有用的材料把它讲准、讲深、讲透。主题明确以后，标题、段落、层次的安排，正文和结尾的写作，都应服从于它。同主题无关的，要舍得忍痛割爱。

# 怎样谋篇布局？

调研报告结构和布局合理，就把报告大的框架立住。就像一座房子，四梁八柱立住了，才坚固而牢靠。框架定了，才能提纲挈领，观点和材料才会有中心，写起来才不会走弯路。框架立不住，结构没有定，观点和材料的取舍就会无所依据，就不会有逻辑和条理，甚至抓了芝麻、丢了西瓜。纲举目张的说法，用在调研报告写作上是合适的。

结构框架设计的过程，也是初步分析归纳和理顺思路的过程。报告主题从几方面展开分析，每个方面写哪些内容，每个内容之间有什么内在逻辑关系，有什么红线贯穿全文，粗线条地摆布得当，报告大的轮廓和脉络也就有了。写作过程中，随着认识深入，报告可能还要进行修改补充和完善。

并列式。《东莞十年——对我国沿海农村社会主义建设的一个成功典型的考察》，并列讲出六条经验：始终把发展生产力放在首位，"借船出海"、发展外向型经济，调整产业结构、大力发展创汇农业，多层次、多渠道、多形式发展教育文化事业，建立与外向型经济相适应的思想观念，充分发挥各级党委在改革开放中的领导核心作用。

因果式。比如，《社会主义现代化建设的强大精神支柱——临沂地区沂蒙精神的调查》。调查报告的第一段讲沂蒙山区穷困面貌的改变，需要艰苦奋斗的沂蒙精神；第二段讲这种精神的弘扬需要一批共产党员来带头；第三段讲这种精神有效、持久的弘扬需要注意与发展商品经济、科技进步和党组织建设相结合。全文有着严密的内在逻辑。

三段式。比如，《想群众、靠群众、办实事——关于鞍山市党政干部加强同群众联系的调查》，此文第一部分讲鞍山市这些年在这方面的变化和成绩；第二部分讲问题和做法；第三部分讲调查者由此引发的思考和建议。最常见的报告结构是三段式：基本情况包括取得的成绩、主要做法和存在的问题及原因分析、政策建议。这种结构的好处是条理清楚、整体感强。

2023 年《求是》刊发的中央有关部门赴浙江开展专题调研报告：《总结推广浙江"千万工程"经验　推动学习贯彻习近平新时代中国特色社会主义思想走深走实》，也是采用三段式写法。开头明确"千村示范、万村整治"工程（以下简称"千万工程"）是习近平总书记在浙江工作时亲自谋划、亲自部署、亲自推动的一项重大决策，全面实施二十年来深刻改变了浙江农村的面貌。同时，写了调研情况和总的感受，接着分三部分：第一部分是基本情况，交代浙江省实施"千万工程"战略决策的来龙去脉，总结六个方面突出成效：农村人居环境深刻重塑，城乡融合发展深入推进，乡村产业蓬勃发展，乡村治理效能有效提升，农民精神风貌持续改善，在国内外产生广泛影响。第二部分是主要做法——"六个坚持"：坚持生态优先、绿色发展。坚持因地制宜、科学规划。坚持循序渐进、久久为功。坚持党建引领、党政主导。坚持以人为本、共建共享。坚持由表及里、塑形铸魂。第三部分写经验启示——"六个必须"：（一）必须坚持以人民为中心的发展思想，把实现人民对美好生活的向往作为出发点和落脚点。（二）必须坚持以新发展理念为统领，全面推进乡村振兴。（三）必须强化系统观念，着力推动城乡融合发展。（四）必须大兴调查研究，从实际出发想问题、作决策、办事情。（五）必须突出抓基层、强基础、固基本工作导向，健全党组织领导的基层治理体系。（六）必须锚定目标真抓实干，一张蓝图绘到底。

# 怎样新颖独特？

文贵创新。创新就是标新立异，人云亦云不可能创新。"千人一面，千部一腔"，是文章大忌。古人说："立身之道，与文章异。立身先须谨重，文章且须放荡。"所谓放荡，就是要放得开，标新立异。标新立异是文章内容和形式的创新，要有新鲜的见解，也要追求不同于别人的更好的表达方式，形成自己的文章风格。

标新立异的根据，是基于现实生活的生动活泼的创造，对中外优秀思想文化遗产的继承，而不是无根据地说些惊世骇俗的大话，用片面性、绝对化的言词哗众取宠。"删繁就简三秋树，领异标新二月花""为人性僻耽佳句，语不惊人死不休"。[①]

我们研究一个问题，必须注意到在这个问题上前人说过什么，有些什么正确的观点。不把前人的东西总结好，随便发表一个自以为突破的东西，这不能叫突破，不能叫创新。如果过去的研究，在某些问题上有错误的认识，做出错误的结论，我们应当用新的认识、新的结论来代替它。我们要胸怀创新意识、具备创新能力和创新勇气。

机关公文是有章可循，但不能成为固化的套路，一固化写出来就没有生气。不同会议、不同内容、不同文体，讲话应有所区别。有的大标题下面还有小标题，有的大"一二三"、小"一二三"，再套"一是二是三是"、"一要二要三要"、"首先其次再次"，看书面稿子清楚，但听会的会弄串了。标题一般用一级，较少用两级，不用三级。毛泽东的《论持久战》等著作，现在中共中央和国务院的许多决定，就是采用写若干条的办法。

不要刻意追求文字对仗。好的对仗简洁概括、易懂易记，但生搬硬

---

① 《怎样写文章》，中国发展出版社 2010 年版，第 169—170 页。

凑反而弄巧成拙、因文害意。毛泽东的《中国的红色政权为什么能够存在？》、邓小平的《解放思想，实事求是，团结一致向前看》、习近平的《人民对美好生活的向往，就是我们的奋斗目标》，这些名篇都是思想深刻、影响深远、形式活泼、通俗易懂，对中国革命、改革和发展起到了非常重要的作用。

## 怎样简单明了？

公文要简明清爽，不能拖泥带水。简单，才能明了。简单明了，才能眉清目秀。古代文章很简洁。《论语》只有一万多字，《道德经》五千多字。写公文的本领，在于把复杂的事情说得简单明了，不在于把简单的问题说得复杂。写得太长也是文风问题，是思想和工作作风的反映。毛泽东在延安批评过，党八股文章像懒婆娘的裹脚，又长又臭。当然，要根据内容需要，有话则长，无话则短。

1951年2月1日，中共中央印发了毛泽东起草的《关于纠正电报、报告、指示、决定等文字缺点的指示》。第五点写道："凡文电必须认真压缩。各级领导同志责任重大，事务繁剧。向领导同志或机关请求或作报告时，必须反对两种倾向，即应请示报告而不请示报告的倾向和不应请示报告而随便请示报告的倾向。在写请示文电或报告时，必须注意文字的简明扼要，条理清楚，便于阅读。"

1956年3月30日，毛泽东在审阅修改中共中央发给上海局、各省市区党委的《中共中央关于工业、运输、财贸等方面工作汇报提纲》稿，提纲稿共列出十个题目，要求向中央汇报时，要根据各地的经济特点，对本地财政工作中的主要问题，"进行具体的分析，并作历史的比较。这种汇报应当有形象的材料，有批评，有议论，有主张。不要枯燥无味、千篇一律，同时，应当写成书面文件报送中央，字数不限，但亦不要太长"。毛泽东将"字数不限，但亦不要太长"改写为："字数以一万五千字左右为宜。但要看内容如何，内容好，写得有骨有肉，生动活泼，不妨长一点，否则宜短，几千字也可以。上开十项如果一次写不完，分别写成几个报告也可以。如果一时写不好许多问题，先写两三个或者三四个问题也可以。"①

这说的是写文章要简洁明快、浅显易懂，废话坚决不说，不要浪费别人的时间。做事情、接人待物要以诚相待，平和、正派、公平，还要持之以恒。行文简浅显，做事诚平恒。

习近平总书记讲话、写文章很有特点，早在1984年，新华社记者赵德润在正定采访他时，就发现他讲话不搞"穿靴戴帽"，没有官话、套话，直截了当说"我们"怎么想、怎么干，正定县怎么做、有什么效果，简明扼要，深入浅出。

通常研究生毕业后到中央机关或央企工作，开始会参加起草一些一两页纸的简单公文。领导可能用铅笔把自己写的东西改得面目全非。当时许多人或许不理解，认为文科研究生毕业，难道几行公文都写不好？但是仔细看看改的意思、表达方式，确实比自己的原稿更准确、更简单明了、重点更突出。刚毕业的学生，总怕把事情说得太直白显不出自己的水平，因而容易把简单的问题复杂化，甚至画蛇添足、装腔作势，这是公文的大忌。

在不少情况下，确实需要在文件或报告中，申明某些指导思想和重要原则，那就需要在最显眼的地方，用最准确简明的文字加以表达。文件写成后，还要检查、想想，看在大的原则问题上有没有重要的疏忽和遗漏。话不在多，要说得正是地方，说得恰到好处。政治立场是通过整篇文件或报告来体现。

---

① 《毛泽东年谱（一九四九——一九七六）》第二卷，中央文献出版社2013年版，第552页。

# 怎样做到准确性？

准确性，这是调研报告写作最基本的要求。写作调研报告，首先是政治立场、政治观点、政治方向要正确，材料要真实，内容要正确，每个词、句子、段落甚至标点符号都要求准确。这也是公文与文学作品、理论文章不一样的地方。领导常常会问，这句话从何而来，为什么用这句话，有什么出处，等等。

1958 年 1 月，毛泽东同志在讲到文章、文件要具有三性时说："文章的主要要求是概念明确，判断恰当，前后一贯，合乎逻辑，再就是文字生动，讲究一下词藻。"①

1958 年 1 月 31 日，毛泽东主持起草的《工作方法六十条》（草案）中的三十七条指出："文章和文件都应当具有这样三种性质：准确性、鲜明性、生动性。准确性属于概念、判断和推理问题，这些都是逻辑问题。鲜明性和生动性，除了逻辑问题以外，还有词章问题。"②

公文准确性，具体体现是概念、判断、推理要准确。概念相当于词，判断相当于句，推理相当于两个以上的句子。

概念，人的思想的基本工具是概念，概念是否正确，要看它是否符合所代表的客观的东西。"新能源汽车"是个简单概念。还有些抽象的概念，如"高质量发展"。

习近平总书记在担任河北正定县委书记时，县委办公室编纂的《正定县情》，原书名叫《美好的正定》，他说："美不美好要听人民评价"，用事实和数据来说明，书名改为《正定古今》，这样就客观准确了。

---

① 《毛泽东年谱（一九四九——一九七六）》第三卷，中央文献出版社 2013 年版，第 287 页。

② 《毛泽东文集》第七卷，人民出版社 1999 年版，第 359 页。

判断，有了几个概念就可以作判断。比如，新能源汽车需要大力推广。比如，经济发展要又好又快。这两个就是判断，这两个判断是正确的，因为它符合事实、符合政策法规、符合情理。有些判断就不准确，因为它不符合事实、政策法规和情理。

比如，北京是全国政治、经济、文化中心。这个判断不准确，因为全国经济中心是上海，而不是北京。北京是全国政治中心、文化中心。近年，中央给北京新的定位，赋予北京新的功能定位，即北京是全国政治中心、文化中心、国际交往中心、科技创新中心。

比如，把社会建设摆在同经济建设同样的地位。这个判断不准确，因为经济建设是党的基本路线中的"一个中心"，只有这一个中心，如果把社会建设摆在同经济建设同样的地位，那就有两个中心。可以说，把社会建设摆在重要地位。

推理，就是从这一句话引导到另一句话，由第一句话引导到第二句话，第一句话与第二句话之间的关系就是推理。比如，《工作方法六十条》所说的这一段话："现在许多文件的缺点是：第一，概念不明确；第二，判断不恰当；第三，使用概念和判断进行推理的时候又缺乏逻辑性；第四，不讲究词章。看这种文件是一场灾难，耗费精力又少有所得"。这就是推理。紧接着又说，"一定要改变这种不良的风气"。这也是推理，既然是大灾难，当然要改变。

## 怎样做到鲜明性？

调研报告是否鲜明，首先要看观点和材料是否统一。如果观点和材料不统一，就像《工作方法六十条》的第三十二条中说的："把材料和观点割断，讲材料的时候没有观点，讲观点的时候没有材料，材料和观点互不联系，这是很坏的方法。只提出一大堆材料，不提出自己的观点，不说明赞成什么反对什么，这种方法更坏。"还要注意用新事例、新材料、新数据、新语言、新概括，让人耳目一新。

1956年3月2日，毛泽东在听取地方工业部汇报时，讲了一段怎样汇报、写文件的问题。他说："有什么办法使人听了不致忘记？讲存在的问题，要举事例，把人指出来。不举事例等于无用，别人不好懂。文件重要的是要使人懂，为了使人懂，长一点也不要紧。文字方面不是要反对标语口号吗？就是要有具体形象，有人物。没有具体形象，作品就没有生命。"①

中学写作文要求："夹叙夹议"。议就是观点，叙就是材料。事实和观点要安排好，一段话要说明一个观点，要有相当的材料来证明这个观点，这段话就鲜明。而且，观点还要突出，不突出就不能鲜明。一篇文章有个基本观点，它在文章中就像旗帜一样，是贯穿全文的一条红线，是文章的灵魂。

# 标题怎样引人注目？

标题应做到贴切、简洁、醒目。贴切，就是标题要扣文，不能题不对文。毛泽东说："标题必须有内容。"简洁，就是句子不要太长，字数不要多。醒目，就是不落俗套，能提神。

据薄一波回忆，1955年，毛主席主编《中国农村的社会主义高潮》这部书，这部被称为"合作化运动百科全书"的材料书，共收集各地材料176篇、90多万字。毛主席亲自为此书写过两篇序言，为104篇材料写了

① 《毛泽东年谱（一九四九——一九七六）》第二卷，中央文献出版社2013年版，第540页。

按语。毛主席是那样认真地精选材料，认真地修改文字。有些材料文字太差，毛主席改得密密麻麻，像老师改作文一样。对大部分材料重新拟了题目。把一些累赘、使人看了头痛的标题，改得鲜明、生动、有力，而又突出了文章的主题思想。①

比如，有一篇材料原题是《天津市东郊区詹庄子乡民生、民强农业生产合作社如何发动妇女参加田间劳动》，共 33 个字，毛泽东改为《妇女走上了劳动战线》，只用 9 个字，简单明了，铿锵有力，又抓住了主题，读者一看就有印象！

比如，有一篇材料原题为《大泉山怎样由荒凉的土山变成了绿树成荫、花果满山？》，毛泽东改为《看！大泉山变了样》，题目一改，多么吸引人！

比如，有一篇材料原题为《解虞县三娄寺农业生产合作社的教训》，毛泽东改为《严重的教训》，语气沉重，引人入胜！

比如，有一篇材料原题为《邓家乡怎样运用中心社带动互助组和个体农民开展生产运动的》，毛泽东改为《合作社模范邓家乡》，简短有力，令人神往！

比如，有一篇材料原题为《巩固社的关键——记张郭庄乡农业生产合作社的政治工作》，毛泽东改为《张郭庄合作社的政治工作》，语言明快，简单明了！

比如，有一篇材料原题为《中共湘潭县清风乡支部领导农业社帮助贫苦社员解决困难的情况与做法》，毛泽东改为《湘潭县清风乡党支部帮助贫苦社员解决困难》，通俗易懂，一目了然！②

---

① 　参见薄一波：《若干重大决策与事件的回顾》上卷，中共中央党校出版社 1991 年版，第 385 页。

② 　参见《毛泽东年谱（一九四九——一九七六）》第二卷，中央文献出版社 2013 年版，第 440—441 页。

# 开头要简明

调研报告开头开门见山，把结论放在前面，把压轴戏放在前面。不像写小说，也不像演戏，高潮通常在中间或结尾。新华社发的中央领导到地方视察的新闻稿，通常第一段就是这次视察的结论、压轴戏或主题。据了解，有的单位报领导的调研报告近一万字，啰啰嗦嗦，领导办公室秘书看几遍才找到结论，像在沙漠中寻宝，费很大劲才有所得。这就是说，调研报告要惜墨如金，力求简明扼要、简洁明快，意尽言止，切忌动辄洋洋万言，同时，要注意把重要结论放在开头。

章回小说常说"闲话休提，只说正话"，写公文也应该如此。《三国演义》开篇第一句话："话说天下大势，分久必合，合久必分。"很有气势和历史感，又直入全书主题。

列夫·托尔斯泰的《安娜·卡列尼娜》扉页："幸福的家庭都是相似的，不幸的家庭各有各的不幸。"高度概括了千千万万个家庭的真实状况。

毛泽东的《改造我们的学习》，引言很简短："我主张将我们全党的学习方法和学习制度改造一下，其理由如次："是一语开篇好例。

机关公文首先姓"公"，是表达党的主张、组织的意志，你讲的东西依据是什么，希望达到什么目的，为什么要这么做，怎么去做，要直截了当说清楚，不要转弯抹角、拖泥带水。1948 年 1 月，由毛泽东为中共中央起草的《关于建立报告制度》开头，简明扼要地点明了原因："为了及时反映情况，使中央有可能在事先或事后帮助各地不犯或少犯错误，争取革命战争更加伟大的胜利起见，从今年起，规定如下的报告制度。"①

---

① 《毛泽东选集》第四卷，人民出版社 1991 年版，第 1264 页。

# 结尾要有力

老舍先生打过比方，开头吃个好花生，结尾也应吃个好花生。若是结尾吃个霉花生，其意味就逊色多了。常用的结尾格式有：或总结全文的，或提出解决问题的建议的，或展示未来的，等等。不论何种结尾，都要服从和服务于主题，不要弄成画蛇添足。

## 怎样做到生动性？

报告是写给别人看的，要使人家看得懂或听得懂，就要生动活泼，引人入胜。如果报告不能说服人、打动人，就得不到大家的理解和支持，也达不到写报告的目的。文风不是小事，党风决定着文风，文风体现出党风。党八股遭到毛主席多次批评，而八股式的调研报告同样味同嚼蜡，引不起读者的兴趣和关注。毛泽东在《反对党八股》一文中，列举了八股文章的八大罪状。

第一条罪状是：空话连篇，言之无物。

第二条罪状是：装腔作势，借以吓人。

第三条罪状是：无的放矢，不看对象。

第四条罪状是：语言无味，像个瘪三。

第五条罪状是：甲乙丙丁，开中药铺。

第六条罪状是：不负责任，到处害人。

第七条罪状是：流毒全党，妨害革命。

第八条罪状是：传播出去，祸国殃民。

毛泽东说："如果一篇文章，一个演说，颠来倒去，总是那几个名词，一套'学生腔'，没有一点生动活泼的语言，这岂不是语言无味，面目可憎，像个瘪三吗？"他还说："现在我们有许多做宣传工作的同志，也不学语言。他们的宣传，乏味得很；他们的文章，就没有多少人欢喜看；他们的演说，也没有多少人欢喜听。为什么语言要学，并且要用很大的气力去学呢？因为语言这东西，不是随便可以学好的，非下苦功不可。"① 毛泽东要求：要学人民群众学习语言，要从外国语言中吸收我们所需的成分，还要学习古人语言中有生命力的东西。我们从这些语言中吸取一切有用的东西，为了能够使文章写好，就应当这样地努力。现在还要学习网络语言，躺平、内卷、鸡娃等等。要学习流行语言，2023 年十大流行语：新质生产力、双向奔赴、人工智能大模型、村超、特种兵式旅游、搭子、多巴胺等等。中央领导讲话和中央文件已经用了"躺平"、"新质生产力"等网络语言和流行语。

为什么毛泽东讲话大家愿意听？因为他博古通今，经常古为今用、洋为中用，信手拈来，十分贴切，文章、讲话、报告深入浅出。毛泽东是文章大家、理论大家，当然也是公文写作大家。毛泽东思想培养了几代人，毛泽东文章、报告同样培养了几代人。大家如果真想提高公文写作水平，包括提高起草调研报告水平，建议一定要经常看看《毛泽东选集》、《毛泽东文集》以及毛泽东的其他著作，这些是经典之作，要认真学习。

《毛泽东选集》一至四卷的 159 篇文章，许多是各种公文，包括工作总结报告和调研报告。在一定意义上说，《毛泽东选集》是中国革命经验教训的总结报告。1964 年，有人向毛泽东说，毛选写得好，毛泽东的回应别出一格："《毛选》，什么是我的？这是血的著作。《毛选》里的这些东西，是群众教给我们的，是付出了流血牺牲的代价的。"②

---

① 《毛泽东选集》第三卷，人民出版社 1991 年版，第 837 页。
② 《毛泽东年谱（一九四九——一九七六）》第五卷，中央文献出版社 2013 年版，第329 页。

大家读的时候会有这个感觉,《毛泽东选集》《毛泽东文集》中的文章和报告,总是在不断地总结中国革命和建设的经验教训,并根据形势和任务的变化把握现在、规划未来,都是群众语言,通俗易懂,好学好记。只有《实践论》、《矛盾论》这样的哲学著作,语言思辨能力强,理论气味浓,不是那么容易懂,但也是总结党内革命教训而作,《实践论》是为了用马克思主义的认识论去揭露党内的教条主义和经验主义。《矛盾论》是为了克服存在于中国共产党内的严重的教条主义思想而写的。总之,毛泽东的著作都有针对性,用现在的话说,都是坚持问题导向,联系实际,着眼于解决问题,决不是无病呻吟、哗众取宠。

毛泽东著作中生动的语言举不胜举,列几例加以说明。

毛泽东在《湖南农民运动考察报告》中,对革命做了极为形象的比喻。他说:"革命不是请客吃饭,不是做文章,不是绘画绣花,不能那样雅致,那样从容不迫,文质彬彬,那样温良恭俭让。革命是暴动,是一个阶级推翻一个阶级的暴烈的行动。农村革命是农民阶级推翻封建地主阶级的权力的革命。"[1] 报告中给"革命"下的定义,通过"不是"和"是"的对比,把革命的先进性、残酷性写得淋漓尽致、通俗易懂。

毛泽东在《星星之火,可以燎原》这篇名著结尾写道:"我所说的中国革命高潮快要到来,决不是如有些人所谓'有到来之可能'那样完全没有行动意义的、可望而不可即的一种空的东西。它是站在海岸遥望海中已经看得见桅杆尖头了的一只航船,它是立于高山之巅远看东方已见光芒四射喷薄欲出的一轮朝日,它是躁动于母腹中的快要成熟了的一个婴儿。"[2] 写得多有想象、多有文采!它给人以无限的信心和力量!

毛泽东在《论联合政府》中,只用很概括的话叙述了我党自 1927 年

① 《毛泽东选集》第一卷,人民出版社 1991 年版,第 17 页。

② 《毛泽东选集》第一卷,人民出版社 1991 年版,第 106 页。

革命失败以来直到抗日战争爆发的经过，但是这里面他用了富于感情的形象化语言。在讲到大革命失败以后，"中国共产党和中国人民并没有被吓倒，被征服，被杀绝。他们从地下爬起来，揩干净身上的血迹，掩埋好同伴的尸首，他们又继续战斗了。"①写得多么简明、生动！这种功力是常人难以达到的。胡绳建议，"我们搞理论工作的人需要多读点文学的书，否则，文字的枯燥和八股气味就很难消灭②"。我们写调研报告的人，同样应当多读点文学的书。

邓小平一生中，曾于1927年、1935年、1954年三次担任过党中央秘书长，新民主主义革命时期两次重要会议，即八七会议和遵义会议，他都参加了。特别是从1956年到1966年，邓小平主持中央书记处工作达十年之久，直接领导中央办公厅工作。毛泽东曾说过一句话，看邓小平的报告好像吃冰糖葫芦。这句话生动形象地表现了毛泽东对邓小平所写报告的喜爱。在他对邓小平报告的批示中，经常有"此报很好""内容极好""极可宝贵""非常好"之类的赞语。邓小平写报告有什么特点呢？试举几例。

在革命战争年代，党中央十分重视各地方负责人亲自动手写的工作报告，这些报告是中央与地方之间上下沟通、交流情况的重要形式。1948年1月，为了适应解放战争形势的迅速发展，中共中央发出《关于建立报告制度》的指示，规定各中央局和分局由书记负责，自己动手每两个月向中央和中央主席作一次综合报告。邓小平时任中原局书记，带领晋冀鲁豫野战军在大别山区刚站住脚，战斗环境紧张而艰险，但他严格执行了这一指示。从那时起直到1952年调中央工作，除特殊情况向中央申明原因外，他坚持约两个月向中央写一次书面报告。毛泽东曾表扬说，书记在前线亦是可以作报告的，邓小平在大别山那样紧张的环境亦做了几次很好的报告。

① 《毛泽东选集》第三卷，人民出版社1991年版，第1036页。
② 《怎样写文章》，中国发展出版社2010年版，第116页。

新中国成立初期邓小平主政西南时，他所写的综合报告和请示，也得到毛泽东的称赞，有不少被中央转发给其他地方作参考。

综观毛泽东赞赏和批转过的邓小平的工作报告，从中可以看出这样一些特点：

第一，目的和主题明确，简明扼要地写出上级需要了解的内容。邓小平对毛泽东十个问题的复电就是如此。毛泽东从来就反对那些空话连篇、言之无物的报告，在 20 世纪 70 年代他曾对一位领导同志说：有的文件，头几页你就别看，没意思，就看中间是什么内容就行了。而邓小平的报告总是紧扣主题，一二三四，清清楚楚，都是毛泽东和党中央想要了解的内容。

第二，语言精炼朴实、干净利索。这是邓小平一贯的讲话和行文风格。他所写的报告大都只有一两千字，有话则长，无事则短。如他在西南工作期间，1951 年给中央的五、六两月的综合报告，谈了土改、镇反、党内思想工作、经济工作、干部培养五个方面的问题，全文共 2200 字，最少的一个方面仅百余字。1951 年七、八两月的综合报告也是谈了五方面问题，仅 1100 字，最少的一个方面只有几十字，以"我们在工作中最感困难的是干部问题，主要是领导骨干问题，这是我们本身一时难于解决的"一句就概括完毕，把当时工作中遇到的最大困难如实向中央报告，引起中央重视。

第三，报告写得合乎实际、切实可行。例如，邓小平在 1950 年 11 月 7 日给中共中央的报告中，具体分析了西南各主要少数民族的情况，认为这些地区实行土改必须具备"第一，认真实行了区域自治或联合政府（在县联合政府下，也有区乡的区域自治）。第二，必须是少数民族人民大多数赞成，自己举手通过"。在步骤上，"应坚持先汉后彝，以促进彝族人民的觉悟"。15 日，毛泽东阅后复电："各项意见都是正确的，请即按此施行。"

1978 年 12 月 13 日，邓小平在中共中央工作会议闭幕会上的关于《解放思想，实事求是，团结一致向前看》的重要讲话，实际上是党的十一届三中全会的主题报告。这个讲话是邓小平亲自起草的提纲，多次审改后定稿的。

党的十一届六中全会《关于建国以来党的若干历史问题的决议（讨论稿)》，就是邓小平主持讨论后审定的。从 1980 年 3 月到 1980 年 6 月，邓小平多次谈过对决议稿的起草和修改意见，《邓小平文选》第二卷收录了其中九次谈话的节录。

邓小平在 1992 年初视察南方谈话中说，周总理四届人大的报告，毛主席指定我负责起草，要求不超过五千字，我完成了任务。五千字，不是也很管用吗？他还说，毛主席不开长会，文章短而精，讲话也很精练。《邓小平文选》第三卷，共收录 119 篇文稿，平均每篇 2300 字左右，其中 1000 字以下的文稿有 68 篇，占总数一半以上，被认为是论语式的语言，简短精炼，质朴平实，形象贴切，意境深远，非常管用。邓小平在审阅该书时指出，这本书有针对性，教育人民，现在正好用得着。不管对现在还是对未来，讲的东西都不是从小角度讲的，而是从大局讲的，是他的政治交代。全书连贯得好，没有空话。

邓小平一贯主张"文章要短而精"，没有长篇大论。看看邓小平的一些名言，简短有力，震撼人心，像闪电一样光芒四射。比如：

"不管白猫、黑猫，捉住老鼠就是好猫"

"摸着石头过河"

"我是中国人民的儿子，我深情地爱着我的祖国和人民"

"贫穷不是社会主义"

"发展才是硬道理"

"改革是中国的第二次革命"

"科学技术是第一生产力"

"稳定压倒一切"

"两手抓，两手都要硬"

"中国要警惕右，但主要是防止'左'"

习近平总书记早年间在梁家河七年知青生活，住过三个不同的窑洞，在农业生产之余，阅读了古今中外大量经典作品，担任过村党支部书记。后来，他先后担任河北正定县委书记、厦门市副市长、福建宁德地委书记、福州市委书记、福建省省长、浙江省省长、浙江省委书记、上海市委书记，一直到中共中央政治局常委、中共中央总书记。他的文章和报告，既有政治高度、政策水平，又观点鲜明、很接地气，老百姓爱听。他提出了包括改作风、转文风等要求，很有针对性。

习近平总书记郑重提出公文起草要注重调研，求实、求短、求新。他说，文件是用来指导工作的，要言之有物，有具体内容，有创新之处，连标点符号也不能马虎。文件、报告条理要清楚，观点要鲜明，引经据典，把道理讲深讲透，通俗易懂，朴实无华，接地气，绝不能唱高调，不能讲空话、套话、假话。数字一定要核实准确，错误的和虚假的东西绝对不能出现。文风改革。文稿宜短则短，宜长则长，开题单刀直入，分析鞭辟入里，论证顺藤摸瓜，结论水到渠成，让人听了以后感到思路很清晰，观点很明确，重点很清楚，要求很具体。他对文字材料要求非常严格，经常言传身教。他通常事先细致交代每一篇稿子的要点和思路，还引导文件起草人员学会换位思考，按照角色要求进行思维、开展写作。这样写出来的讲话稿，会更符合领导的意图。习近平总书记这些重要论述，既充分表明他非常重视文件、文稿对实际工作的指导作用，又进一步明确了文稿起草的方向和标准。

为什么习近平总书记讲话大家愿意听？因为他有丰富的基层实践经验，博览古今中外名著，既高瞻远瞩，又接地气，引经据典，语言生动，通俗易懂，深入浅出。

"人民对美好生活的向往，就是我们的奋斗目标"

"打铁还需自身硬"

"把权力关进制度的笼子"

"撸起袖子加油干"

"精准扶贫、精准脱贫"

"绿水青山就是金山银山"

"我将无我，不负人民"

"江山就是人民，人民就是江山"

"时代是出卷人，我们是答卷人，人民是阅卷人"

"人民是共和国的坚实根基，人民是我们执政的最大底气"

"民心是最大的政治"

"我的执政理念，概括起来说就是：为人民服务，担当起该担当的责任"

习近平总书记这些简洁有力的语言掷地有声，一腔赤诚溢于言表，彰显出人民领袖的真挚情怀，赢得国内外无数人的由衷称赞。

怎样修改、征求意见和核文？

调研报告修改的要求是，使初稿的主题更鲜明，内容更准确，建议更科学。调研报告是改出来的，一气呵成的很少，即使有，也是反复思考后，成竹在胸才动笔的。唐代诗人贾岛"推敲"的故事，法国思想家卢梭常常在床上打"腹稿"的例子，无不证明文稿要反复修改。

## 怎样修改、征求意见和核文

马克思、恩格斯、列宁、毛泽东、邓小平、江泽民、胡锦涛、习近平等的著作，大多是经过反复修改的。中国共产党全国代表大会的报告和中共中央全会的决议，都是经过多次讨论、调查研究、反复修改才定稿的。

鲁迅在复《北斗》杂志社讨论怎样写文章的一封信，一共列举八条写文章的规则，第四条："写完后至少看两遍，竭力将可有可无的字、句、段删去，毫不可惜。宁可将可作小说的材料缩成速写，决不将速写材料拉成小说。"鲁迅说，"至少看两遍"，最多呢？他没有说。毛泽东说，我看重要的文章不妨看它十多遍，认真地加以删改，然后发表。《建国以来毛泽东文稿》、《毛泽东年谱》提供了毛泽东许多修改稿子的范例，也提供了怎样写各种体裁文章的范例。

1956 年 3 月 14 日，毛泽东在中南海会见越南劳动党中央总书记长征、印度尼西亚共产党中央总书记艾地，同他们进行交谈。在谈到《毛泽东选集》及其内容时，"艾地说：印尼有许多同志认为毛主席思想成熟，写文章一定是一气呵成，不必修改。毛泽东说：那样的说法是不符合实际的。我们的头脑、思想反映客观实际，谁都不可能无论什么时候一下子就反映得完全正确，无遗无误。客观实际是错综复杂，不断发展变化的。我们头脑、思想对客观实际的反映，是一个由不完全到更完全、不很明确到更明确、不深入到更深入的发展变化过程，同时还要随着客观实际的发展变化而发展变化。写《新民主主义论》时，许多东西在起初是不明确的，在写的过程中才逐渐明确起来，而且经过反复修改，才把意思表达得比较准确"①。毛泽东这样的文章大家都反复修改稿子。我们在起草调研报告，更要反复修改，还要听听别人的意见，能够吸纳的就尽量吸纳，旁观者清是言之有理的。

报告稿写出后，通常要送调查对象单位核实，送调查对象的上级单位审核，送相关单位征求看法。这样可防止和克服调查报告的失实、拔高、

---

① 《毛泽东年谱（一九四九——一九七六）》第二卷，中央文献出版社 2013 年版，第547—548 页。

片面性和其他纰漏。1961 年，陈云在上海青浦农村调查，将调研报告与上海市委、浙江和江苏两省委交换意见，然后起草了给中央的调查报告，明确提出了自己的看法和政策建议。1990 年，中央办公厅调研室在山东临沂写的调研报告——《社会主义现代化建设的强大精神支柱——临沂地区沂蒙精神的调查》，就送山东省委征求意见之后，在《人民日报》发表。2019 年 6 月，中共中央党校（国家行政学院）在起草《中国共产党党校（行政学院）工作条例》时，向中共中央和国务院有关部门征求意见，然后逐条研究各部门提出的意见和建议，能吸收的尽量吸收。

2023 年 3 月，中央组织部在修订《干部教育培训工作条例》时，以书面形式征求了各地区各部门各单位意见，共征集到《干部教育培训工作条例》修订稿意见建议 201 条、《全国干部教育培训规划（2023—2027 年）》稿意见建议 237 条，经过逐条分析研究、综合考量，分别吸收 146 条、181 条。①

2024 年 5 月 7 日，党的二十届三中全会议《关于进一步全面深化改革、推进中国式现代化的决定》征求意见稿下发，广泛征求各方面意见。截至 5 月 30 日，各地区各部门各方面共提出修改意见 1911 条，扣除重复意见后为 1756 条，其中原则意见 135 条，具体修改意见 1621 条。经过认真研究这些意见和建议，能吸收的尽量吸收，作出 221 处修改。

重要讲话、重要文件、重要报告在征求意见前，在上会讨论前，在公开印发前，都要进行核文。这是重要公文公开印发前防错纠错的最后一道防线，应当坚守。中共中央办公厅法规局的一项重要职能就是审核公文。2019 年《中国共产党党校（行政学院）工作条例》在报送中央有关会议审议时，已经中央办公厅法规局审核。在中共中央政治局审议通过后，中

---

① 参见《〈干部教育培训工作条例〉〈全国干部教育培训规划（2023—2027 年）〉学习辅导》，党建读物出版社 2023 年版，第 55 页。

央办公厅法规局还要再次审核，把这个《条例》再返还中央和国家有关部门征求意见，再次审核。这次的审核已经不是标点符号、语气、错别字，这些问题上一轮审核已经没有了，这时的审核主要还是政策方面的精准把握。

中央党校（国家行政学院）向党中央、国务院，向中央和国家有关部门报送报告等公文，需要经过校（院）办公厅审核。校（院）有关部门报送校（院）委会讨论的公文，需要校（院）研究室审核。

2023年6月，中央组织部组织党内法规专家对《干部教育培训工作条例》《全国干部教育培训规划（2023—2027年）》的合规性和严谨性进行审核把关，把干部教育培训工作应当遵循的第六条原则"依法治教，从严管理"修改为"依规依法，从严管理"。主要考虑：党内规矩是党的各级党组织和全体党员必须遵守的行为规范和规则。干部教育培训是党的事业的重要组成部分，党章和有关党内法规是各地区各部门各单位开展干部教育培训工作必须遵循的主要依据。将"依法治教"改为"依规依法"，进一步强调了党章和有关党内法规在干部教育培训工作中的指导地位。① 某个省委办公厅在核稿时发现一个词用得不对，进行删改。有一句表述是"人民代表大会制度是我国的根本政治制度……为我国改革开放和社会主义现代化建设提供了有力的根本制度保障。"核稿时，把最后一句的"根本"二字去掉了。因为中国共产党的领导和中国特色社会主义制度，才是根本制度保障，不能只说人民代表大会制度。

---

① 参见《〈干部教育培训工作条例〉〈全国干部教育培训规划（2023——2027年）〉学习辅导》，党建读物出版社2023年版，第75页。

# 第八讲　衡量调研标准

《方案》要求解决问题。对调研中反映和发现的问题，逐一梳理形成问题清单、责任清单、任务清单，逐一列出解决措施、责任单位、责任人和完成时限。对短期能够解决的，立行立改、马上就办。对一时难以解决、需要持续推进的，明确目标，紧盯不放，一抓到底，做到问题不解决不松劲、解决不彻底不放手。

## 衡量调查研究标准在于是否解决问题

调研成果质量高低事关大局，责任重大，可谓"优能兴邦，错可误国"。因此，无论对什么问题调研，特别是一些重大调研课题，都应当坚持高标准、严要求，努力创造优秀成果。那么，衡量调查研究质量高低的标准是什么？毛泽东说得好，"调查就是解决问题"。习近平总书记指出："衡量调查研究搞得好不好，不是看调查研究的规模有多大、时间有多长，也不是光看调研报告写得怎么样，关键要看调查研究的实效，看调研成果的运用，看能不能把问题解决好。"[1]毛泽东和习近平总书记对调查研究质量要求实际上是一致的，最终就是看能不能把问题解决好。

---

① 《习近平党校十九讲》，中央党校出版社 2014 年编印，第 289 页。

中央和地方主要领导的调查研究成效，更多地体现在解决问题上。1930 年，毛泽东通过寻乌调查，"才弄清了富农与地主的问题，提出解决富农问题的办法，不仅要抽多补少，而且要抽肥补瘦，这样才能使富农、中农、贫农、雇农都过活下去"①。

1930 年 5 月，毛泽东指出："调查就像'十月怀胎'，解决问题就像'一朝分娩'。调查就是解决问题。"②陈云指出："难者在弄清情况，不在决定政策。只要弄清了情况，不难决定政策。我们应该用百分之九十以上的时间去弄清情况，用不到百分之十的时间来决定政策。"③这样，陈云就把调查研究与决定政策的关系量化了。毛泽东和陈云用不同的语言，表达同一个意义，即需要花更多的时间进行调查研究，了解实情，就能顺利决策、解决问题。

1931 年 4 月 2 日，毛泽东提出：不做调查没有发言权。不做正确的调查同样没有发言权。④ 这里讲的发言权，实际上有决策权的含义，也就是说，没有调查研究，就没有决策时的发言权。

1961 年，全党大兴调查研究之风，为克服国民经济遇到的严重困难，促进经济社会恢复和发展起了极为重要的作用。

在改革开放和社会主义现代化建设新时期，邓小平通过深入农村调查研究，出访日本、新加坡等国，推动了全党工作重点转移和全国农村改革发展；1984 年初，他亲自深入深圳、珠海、厦门经济特区调查研究，充分肯定了经济特区建设的成就，推动全国进一步扩大对外开放；1992 年初，他亲自视察南方调查研究并发表重要谈话，从理论上深刻回答了长期困扰和束缚人们思想的许多重大理论和实践问题，掀起了中国新一轮改革开放

---

① 《毛泽东文集》第二卷，人民出版社 1993 年版，第 379 页。

② 《毛泽东选集》第一卷，人民出版社 1991 年版，第 110—111 页。

③ 《陈云文选》第三卷，人民出版社 1995 年版，第 46 页。

④ 参见《毛泽东文集》第一卷，人民出版社 1993 年版，第 267—268 页。

的热潮。

习近平同志在河北正定县委、福建宁德地委、福州市委、浙江省委和上海市委工作期间，进行深入调查研究，提出了当地经济社会发展的一系列战略规划，解决了前进道路上遇到的许多问题，有力地促进了经济社会较快发展。党的十八大后，习近平总书记走遍全国 14 个集中连片特困地区，提出精准扶贫战略，加快了全面脱贫工作任务的完成。他主持我国经济社会发展十四五规划的调研，主持党的十九大、二十大报告以及党的十八大以来历次中央全会的调研，都是关系今后一个时期党和国家事业发展的重大战略和政策。

中央、地方党委和政府政策研究部门的调查研究成效，更多地体现在服务决策咨询方面。这些部门承担着建言献策、撰写文稿的重要任务，所写的调研报告通常有大量真实的第一手数据资料，可以成为党和政府决策的重要参考。有的直接为制定党和政府的文件或起草领导讲话提供素材；有的发表在内部刊物上呈有关领导参阅，领导批示后或用于决策时参考，或作为典型予以推广；有的利用党报、党刊、电视台、广播电台、网络传播平台进行宣传，更好地发挥宣传典型、指导实际工作的作用。

高等学校、科研机构的调查研究成效，更多体现在课件打磨、立项课题研究、论文写作和决策服务方面。2023 年，中央党校（国家行政学院）部分教师到福建、浙江、江苏等地调查研究，一个重要任务是进一步了解习近平新时代中国特色社会主义思想发展逻辑和实践进程、上好党的创新理论专题课和有关典型案例课。

著名社会学家费孝通先生富有家国情怀的博士论文《江村经济》，是他 1936 年 7 月在江苏省吴江县庙港乡开弦弓村实地调查一个多月，后来在英国伦敦大学社会人类学家马林诺斯基指导下写成的经典名作。1948 年出版的社会学经典论著《乡土中国》，则是费孝通先生于 20 世纪三四十年代，在江苏、广西、云南等地作长期艰苦的"蹲守"式的田野调查报告的有关内容，后来他在清华大学所讲的"乡村社会学"课程中所整理出来的一部分。《乡土中国》提出的"熟人社会""礼治秩序""差序格局"等概念概括了中国传统社会中广大农民的生存和生活状况。他长期从事中国乡土社会结构调研和分析，对中国社会学界作出了开创性贡献。

高质量的调查研究成果既取决于调查，又有赖于研究。习近平总书记指出："调查研究，包括调查与研究两个环节。""从目前领导干部开展调查研究的实际情况看，有调查不够的问题，也有研究不够的问题，而后一个问题可能更突出。有的同志下去，只是调查不研究，装了一兜子材料，回来汇报一下写个报告就了事；有的领导干部连调研汇报也不听，调查材料也不看。这种调查多、研究少，情况多、分析少，不解决什么问题的调查研究，是事倍功半的。我们要充分认识到，调查研究的根本目的是解决问题，调查结束后一定要进行深入细致的思考，进行一番交换、比较、反复的工作，把零散的认识系统化，把粗浅的认识深刻化，直到找到事物的本质规律，找到解决问题的正确办法。"① 这段话充分强调了调查之后研究的极端重要性，对于我们提高调查研究质量有着重大的指导意义。

可以说，研究是使调查实现升华的"催化剂"，是由感性认识上升到理性认识的过程。研究主要分两个层面：一是对调查结果进行分析、归纳、提炼、总结；二是随时捕捉各类有效信息，研判后得出结论。1950 年3 月 10 日，毛泽东专门接见了首批驻外大使学习班的全体人员。对于调查研究，毛泽东非常重视，他指出："对于通过调查而了解到的情况，必须加以研究，去其糟粕，取其精华。研究很重要，只有通过研究，才能透过现象看到本质。凡事都不会孤立地存在，要看到事物间的联系。比如，在一个地方看到有冷却塔，再观察一下周围，看到配套的建筑设施，经过分析综合，就可以知道这是一个发电厂。再如，一个国家要出兵事先总有

---

① 《习近平党校十九讲》，中央党校出版社 2014 年编印，第 289 页。

很多迹象，如动员、军事运输增加以及舆论变化等等。通过对这些迹象的研究，就可以得出是否要打仗的结论。从报刊和书本中，也可以获得很多有用的东西。有时，从报纸上看到一条不起眼的消息，经过研究，也许能从中发现一个大问题。"① 长征途中，毛泽东千方百计地寻找报纸，在一张旧报纸上了解到陕北有相当大的一片苏区和相当数量的红军，因此决定将中央红军长征的落脚点放在陕北。

1944 年 6 月，美国和日本正在交战，美国文化人类学家本尼迪克特受命研究日本的的国民性格、思维和行为方式。由于受战争影响，她不能去日本实地调研；又由于时间紧迫没有学习日语，但她接触了很多从小在日本长大、生活在美国的日本人，看了一些日本人担任编剧或导演的电影，查阅了一些日本历史文献、传记、小说、广播等材料，其研究成果帮助美国政府预测日本人的行动并制定针对性的政策。成果中的一些内容是加密的，非机密部分则在日本投降后加以补充并出版成书《菊与刀》。这本书阐述的是日本人预料中的和早已公认的习惯，描述了日本人在不同的处境下是如何要求自己的。本尼迪克特研究功力深厚，致力于发掘日本人掩藏在生活方式背后的观点，对日本战败后短期状况的预言几乎都被证实是正确的。《菊与刀》已经成为研究日本的"圣经"，不仅帮助世界了解日本，也成为美国占领日本和进行政治干预的工具。

我们看到，无论在中央机关还是地方部门，无论是高等学校还是国有企业，无论是国内研究单位还是国外研究机构，一份高质量的调查报告，一定是在深入调查基础上，再进行精心研究，经过反复讨论、修改、核实后出的精品力作，提出的政策建议应立足经济社会发展全局来分析和思考，准确判断政策取向和人民意愿，既考虑其必要性，也考虑现实可行

---

① 《毛泽东年谱（一九四九——一九七六）》第一卷，中央文献出版社 2013 年版，第 100—101 页。

性，还要进行国际比较。这样的政策建议是有助于解决实际问题的。实践证明，不调查而研究，是无米之炊；只调查不研究，则是食而不化，调查报告必是"粗制滥造"。调查是求实，研究是求是，只有把调查和研究结合起来，才能做到实事求是，才能正确认识事物的本质和规律性，把握事物发展的趋势。

建立调查研究成果转化运用清单。加强对调研课题完成情况、问题解决情况的督查督办和跟踪问效，定期对调研对象和解决问题等事项进行回访，注意发现和解决新的问题。这是保证调研成果落到实处、不被"束之高阁"的重要环节，是一抓到底、抓出成效的有效措施。

建立健全调查研究成果评价机制。形成"调查研究—对策建议—评估优化"的程序闭环。在评价指标的设定上，应注意经济效果、社会效果、科技效果、环境效果，以及提高生产效率、提升生活水平和资源合理配置等方面。召开评审会，邀请有关单位和专家进行评审，对调研成果进行评价，为最终在现实中是否可行，下一步应用方案是否调整作出界定。

建立多出高质量调研成果激励机制。将调研成果多少、质量高低作为干部业务考核的重要内容，给予一定的物质奖励和精神奖励。为了建立起提高调研成果质量的激励机制，在内部刊物上发表的调研文章，给予不同程度的奖励；中央、省部、市厅和县处级领导批示的，更要重奖。这些措施无疑会调动大家进行调查研究工作的积极性，对提高调研成果质量发挥重要作用。

提高调查研究质量关键是要提高各级干部的调查研究能力。调查研究既是科学，也是艺术，需要在实践中积极探索，及时总结经验教训，不断提高调查研究水平。习近平总书记多次强调，面对复杂形势和艰巨任务，我们要在危机中育先机、于变局中开新局，干部特别是年轻干部要提高调查研究能力。调查研究是做好工作的基本功。一定要学会调查研究，在调查研究中提高工作本领。具体地说，提高调查研究能力需要具备一些基本素质，是否可以概括为以下几个方面。

战略眼光——从宏观和大局高度想问题、搞调研、作决策。一定要有对"国之大者"心中有数，多打大算盘、算大账，善于把地区和部门工作融入党和国家事业大棋局，做到既为一域争光，更为全局添彩。深入调查、深入研究、综合分析、全面权衡，提出可行性政策建议。

理论素质——从理论上研究提炼阐释问题的能力。加强理论学习，熟悉掌握党的创新理论立场观点方法，有对重大问题宏观把握和分析判断能力，善于透过现象看本质，善于思考问题，能够出谋划策，提出合乎实际的意见建议。

政策水平——从政策上提出合理的、有针对性的意见和建议。需要熟悉和了解国家有关大政方针政策的来龙去脉、形成和发展过程，了解基层实际情况和人民想法，了解政策执行中遇到的困难和问题，坚持问题导向，提出针对性、操作性强的建议。

工作经验——从对实际情况的了解和把握提出真知灼见。"读万卷书，行万里路。""世事洞明皆学问，人情练达即文章。"就是说，要有人生阅历、社会经验，经历多了，实践有了，看人看事就会更全面、更客观。做好调查研究工作，既需要知识面宽，"上知天文地理，下知鸡毛蒜皮"，更需要加强实践锻炼，经风雨、见世面，从实践、认识、再实践、再认识这种循环往复以至无穷的过程中获益，提出的意见建议更会有可行性和实效性。

文字水平——从文字上精准凝练表达问题的能力。要有比较扎实的文字功底和表达能力，调研报告力求有高度、有新意、有思想，具有准确性、鲜明性和生动性，层次清楚、逻辑性强、简短精练、重点突出，内容实在、文风朴实。国务院研究室原主任王梦奎专门编了一本书《怎样写文章》，再版多次，很受读者欢迎。这本书收录了毛泽东等一些文章大家谈如何写文章、修改文章，是公文写作的工具书。

# 坚持和完善调查研究的长效机制

《方案》提出，统筹当前和长远，发现总结调查研究的有效做法和成功经验，完善调查研究的长效机制，使调查研究成为党员、干部的经常性工作，在全党蔚然成风、产生实效。

制度是经有关机构制定的，以强制力保障实施的行为规范。制度问题带有全局性、根本性、长期性、稳定性。调查研究是我们党的优良传统，是我们认识世界的重要方法，是各级组织决策的必经程序，是广大领导干部的基本功。中国共产党在一百多年奋斗的历程中，在不同时期相继制定了一系列行之有效的调查研究制度。新时代我们要按照中央要求在实践中不断健全完善调查研究制度，切实抓好贯彻落实，使调查研究真正成为各级领导干部自觉的经常性工作。

坚持和完善重要决策调研论证制度。中国共产党创立初期只是一个小党、地下党，没有专职的政策研究部门，也没有重要决策调研制度。党的政策和策略是党的生命。随着党的事业发展壮大，我们党越来越认识到调查研究的重要性，成立了调查研究机构，创立了重要决策调研制度，并在实践中不断丰富和发展。

1941 年 8 月 1 日，《中共中央关于调查研究的决定》和《中共中央关于实施调查研究的决定》两个文件，对加强调查研究作了制度安排：中央设置调查研究机关，设中央调查研究局，内设调查局、政治研究局，党务研究室三个部门，作为中央一切实际工作的助手。规定调查局担负收集材料之责，政治研究局担负根据材料加以整理与研究之责。要求北方局、华中局、晋察冀分局、山东分局、上海省委、南方工委及各独立区域之区党委或省委，均须设立调查研究室，并规定收集有关材料，加以研究。向各级在职干部与训练干部的学校，进行关于了解客观情况（敌、友、我三方）的教育。① 这时从中央到地方开始创建调查研究机关，这一制度延续至今，现在各省市县及各部委办都有政策研究部门，作为同级党委（党组）、政府的助手和智库。

1948 年 1 月 7 日，中共中央《关于建立报告制度》，规定"各中央局和分局，由书记负责（自己动手，不要秘书代劳），每两个月，向中央和中央主席作一次综合报告"。"各野战军首长和军区首长，除作战方针必须随时报告和请示，并且照过去规定，每月作一次战绩报告、损耗报告和实力报告外，从今年起，每两个月要作一次政策性的综合报告和请示"②。这个规定对于地方是直接调研，对于中央是间接调研，一直延续到新中国成立后若干年。它对于中央了解情况、科学决策，加快解放战争和中国社会主义革命的胜利起着重要作用。

1958 年 1 月，由毛泽东主持起草的《工作方法六十条（草案）》，讲的是中央和地方党委的工作方法、工作任务或工作制度。第二十五条规定："中央和省、直属市、自治区两级党委的委员，除了生病的和年老的以外，一年一定要有四个月的时间轮流离开办公室，到下面去作调查研究，开会，到处跑。"③ 它是我们党的历史上第一次明确规定中央和省级两级委员会的委员，一年要有三分之一的时间用作调查研究，以保证党委会正确的思想方法、工作方法和科学决策。

1981 年 5 月 7 日，《中共中央关于各级领导干部要亲自动手起草重要文件，不要一切由秘书代劳的指示》中指出："各级领导干部不应该把过多的精力用于准备各种文件，他们的主要精力始终应当放在调查研究、解决各种实际问题上。""对周围的社会环境和工作状况作系统的周密的调查

---

① 参见《建党以来重要文献选编（一九二一——一九四九）》第十八册，中央文献出版社 2011 年版，第 530—535 页。

② 《毛泽东选集》第四卷，人民出版社 1991 年版，第 1264、1265—1266 页。

③ 《建国以来重要文献选编》第 11 册，中央文献出版社 2011 年版，第 43—44 页。

研究，用心体察下级和社会各阶层的情绪、呼声和要求，及时了解实际生活中出现的新情况、新问题，这是创造性地执行中央或上级的指示，提高领导工作质量和提高文件质量的必不可少的基础性工作。"[①] 文件要求新时期各级领导干部的主要精力始终应当放在调查研究、解决各种实际问题上。

1996 年 4 月 5 日，中共中央颁布《中国共产党地方委员会工作条例（试行）》，第二十八条规定，对重大问题的决策，一般应经过下列程序：（一）在调查研究的基础上提出方案，有的问题应提出两个以上可供比较的方案。（二）方案提出后，一般应征求下级党组织的意见，有的应听取本地区人大、政协、人民团体的意见，有的应组织专家、学者进行分析论证，作出评估。（三）召开全委会或常委会充分讨论，进行表决。这个是中国共产党从党的重要法规层面规定地方全委会或常委会重大问题决策程序，要求"在调查研究的基础上提出方案"，强调调查研究在决策之前。

2016 年 1 月 4 日，中共中央印发《中国共产党地方委员会工作条例》，第二十一条规定，党的地方委员会及其常委会应当健全决策咨询机制，重大决策一般应当在调查研究基础上提出方案，充分听取各方面意见，进行风险评估和合法合规性审查，经过全会或者常委会会议讨论和决定。这是中共中央制定的地方委员会工作条例，在试行条例提出"在调查研究的基础上提出方案"后，加上"进行风险评估和合法合规性审查"。这也是调查研究内容，使重大决策更加科学、更加合理、更加合法。

2019 年 10 月 31 日，《中共中央关于坚持和完善中国特色社会主义制度推进国家治理体系和治理能力现代化若干重大问题的决定》中的第

---

① 《三中全会以来重要文献选编》（下），人民出版社 1982 年版，第 781、780 页。

二点第（五）条要求："健全决策机制，加强重大决策的调查研究、科学论证、风险评估，强化决策执行、评估、监督。"这是第一次把"加强重大决策的调查研究"放在国家治理体系和治理能力现代化高度来认识和思考。

2020 年 10 月 12 日，中共中央印发《中国共产党中央委员会工作条例》，在第六章关于"决策部署"中规定："党中央作出重大决策部署，必须深入调查研究，广泛听取各方面意见和建议，加强分析论证，凝聚智慧共识，做到科学决策、民主决策、依法决策。"这样一来，中国共产党从中央到地方委员会工作条例中，都从制度层面明确规定重大决策必须调查研究，调查研究是重大决策的必经程序。

从中国共产党百年来建立和完善重要决策调研论证制度的历史看，调查研究在我们党的重大决策中、在国家治理体系和治理能力现代化的实践中，越来越受到重视，发挥着越来越重要的作用。各地方各部门各单位可以根据中国共产党中央委员会和中国共产党地方委员会工作条例精神，结合实际，不断坚持和完善重要决策调研论证制度，增强针对性和操作性。

实践证明，一个科学的重大决策会给党和人民带来受益，一个失败的重大决策会党和人民带来重大损失。2023 年 1 月 7 日，中央电视台播放的《持续发力　纵深推进》这部反腐败片，披露了落马的贵州省政协原党组成员、副主席李再勇在此前担任六盘水市委书记三年多里，为了继续往上走，大搞政绩工程，结果给当地新增了 1500 亿元的债务。尽管他被捕入狱了，但这 1500 亿元的债务谁来还呢？有一种腐败，危害远甚于贪污金钱，那就是决策的失败。领导干部要调查研究，千万不要瞎决策、乱决策。现在中国经济总量已跃居世界第二位，而且往上升的态势明显，中国共产党中央、地方各级委员会和常委会的决策权力大、风险大、责任大，坚持和完善重要决策调研论证制度尤其重要。我们要通过制度管人、管事、管决策，尽量减少重大决策失误，提高决策的科学性和合法性。

坚持和完善领导机关、领导干部的调研工作制度。对于党委和政府来说，在一定程度上讲，离开领导的研究是白研究，离开调研的领导是瞎领导。毛泽东一贯强调担负领导责任的同志要重视调研。1941 年 3 月 17 日，毛泽东指出："对于担负指导工作的人来说，有计划地抓住几个城市、几个乡村，用马克思主义的基本观点，即阶级分析的方法，作几次周密的调查，乃是了解情况的最基本的方法。""对于中国各个社会阶级的实际情况，没有真正具体的了解，真正好的领导是不会有的。"① 这是毛泽东总结中国革命、总结自身调查研究后得出的深刻体会。在中国共产党早期，不少担负领导责任的同志不注重调查研究，只会照搬共产国际的指示，照搬马克思主义的本本，作出的决策不符合中国实际，给党的事业带来重大损失。毛泽东则注重亲身调研，深入了解国情，了解中国社会各阶级的状况，找到了符合国情的中国革命的道路，主持制定了符合中国各阶级的政策，促进了党的事业发展。

1961 年 3 月 23 日，《中共中央关于认真进行调查工作问题给各中央局，各省、市、区党委的一封信》中指出："中央要求从现在起，县级以上党委的领导人员，首先是第一书记，认真学习毛泽东同志的思想方法和工作方法，把深入基层（包括农村和城市），蹲下来，亲身进行有系统的典型调查，每年一定要有几次，当作领导工作的首要任务，并且定出制度。"② 这里明确规定调查工作是领导工作的首要任务，第一书记亲身进行调查工作特别重要。因为他们的思想方法和工作方法是否正确，是否从实际出发，足以影响全局，他们重视了调查研究，别的领导也会

---

① 《毛泽东选集》第三卷，人民出版社 1991 年版，第 789 页。

② 《建国以来重要文献选编》第 14 册，中央文献出版社 2011 年版，第 199—200 页。

跟上。

1993 年 7 月 5 日，江泽民指出，县以上各级领导同志，尤其是主要负责同志，一定要带头大兴调查研究之风。每年至少抽出一两个月的时间，深入基层调查研究。要对本地区本部门迫切需要解决的重要问题进行系统的调查研究，提出解决问题的正确对策。每个领导干部都应该亲自动手写调查报告。①

2010 年 2 月 8 日，中共中央办公厅印发了《关于推进学习型党组织建设的意见》明确要求："建立健全调查研究制度，省部级领导干部到基层调研每年不少于 30 天，市、县级领导干部不少于 60 天，领导干部要每年撰写 1 至 2 篇调研报告。"

2012 年 12 月 4 日，中央政治局会议审议通过的《十八届中央政治局关于改进工作作风、密切联系群众的八项规定》明确要求："要改进调查研究，到基层调研要深入了解真实情况，总结经验、研究问题、解决困难、指导工作，向群众学习、向实践学习，多同群众座谈，多同干部谈心，多商量讨论，多解剖典型，多到困难和矛盾集中、群众意见多的地方去，切忌走过场、搞形式主义；要轻车简从、减少陪同、简化接待，不张贴悬挂标语横幅，不安排群众迎送，不铺设迎宾地毯，不摆放花草，不安排宴请。"2015 年 1 月 12 日，习近平总书记在同中央党校第一期县委书记研修班学员进行座谈时，明确要求"当县委书记一定要跑遍所有的村，当市委书记一定要跑遍所有的乡镇，当省委书记一定要跑遍所有的县市区"②。这是习近平总书记从政经历的真实写照，他在地方工作时，每到一个新的地方任职，总是以调查研究开路。他到中央工作后，也是经常到全国各地调查研究。党的十八大以来，习近平总书记更是深入基层、深入群

---

① 参见《江泽民文选》第一卷，人民出版社 2006 年版，第 308—309 页。
② 《习近平著作选读》第一卷，人民出版社 2023 年版，第 338 页。

众、访贫问苦，了解情况，问计于民，祖国的大江南北、长城内外都留下了他的足迹。

中央一直强调各级领导干部要加强调查研究，各级主要负责同志要带头调查研究，并且制定领导机关、领导干部的调研工作制度。广大领导干部对新时代调查研究的重要性有了新的认识，各地各部门制定了领导机关、领导干部的调研工作具体制度，现在关键是要抓好落实，搞好监督检查，把这项工作做实做细做好。

坚持和完善领导干部的联系点制度。建立领导干部联系点，是我们党调查研究的一个优良传统，是防止领导干部脱离群众的一种重要手段，也是发现和解决问题的有效途径。各地各单位都制定了领导干部的联系点制度，新时代要根据党中央的新要求，各级领导干部要进一步坚持这一制度，并注意及时总结经验，不断加以完善。

# 附录　关于在全党大兴调查研究的工作方案

新华社北京 2023 年 3 月 19 日电　近日，中共中央办公厅印发了《关于在全党大兴调查研究的工作方案》，并发出通知，要求各地区各部门结合实际认真贯彻落实。

《关于在全党大兴调查研究的工作方案》全文如下。

为深入学习贯彻习近平新时代中国特色社会主义思想，全面贯彻落实党的二十大精神，党中央决定，在全党大兴调查研究，作为在全党开展的主题教育的重要内容，推动全面建设社会主义现代化国家开好局起好步。现制定如下工作方案。

## 一、重要意义

调查研究是我们党的传家宝。党的十八大以来，以习近平同志为核心的党中央高度重视调查研究工作，习近平总书记强调指出，调查研究是谋事之基、成事之道，没有调查就没有发言权，没有调查就没有决策权；正确的决策离不开调查研究，正确的贯彻落实同样也离不开调查研究；调查研究是获得真知灼见的源头活水，是做好工作的基本功；要在全党大兴调查研究之风。习近平总书记这些重要指示，深刻阐明了调查研究的极端重要性，为全党大兴调查研究、做好各项工作提供了根本遵循。

当前，我国发展面临新的战略机遇、新的战略任务、新的战略阶段、新的战略要求、新的战略环境。世界百年未有之大变局加速演进，不确定、难预料因素增多，国内改革发展稳定面临不少深层次矛盾躲不开、绕不过，各种风险挑战、困难问题比以往更加严峻复杂，迫切需要通过调查研究把握事物的本质和规律，找到破解难题的办法和路径。在全党大兴调查研究，是深入学习贯彻习近平新时代中国特色社会主义思想、感悟这一重要思想的真理力量和实践伟力的必然要求，是深刻领悟"两个确立"的决定性意义、坚决做到"两个维护"的具体实践，是应对新时代新征程前进路上的风浪考验、推进中国式现代化的有力举措，是时刻保持解决大党独有难题的清醒和坚定、回答"六个如何始终"的现实需要，是转变工作作风、密切联系群众、提高履职本领、强化责任担当的有效途径。

# 二、总体要求

在全党大兴调查研究，要坚持以习近平新时代中国特色社会主义思想为指导，全面贯彻落实党的二十大精神，紧紧围绕党的理论和路线方针政策、党中央重大决策部署的贯彻执行，大力弘扬党的光荣传统和优良作风，突出问题导向和目标导向，促进广大党员、干部特别是领导干部带头深入调查研究，不断深化对党的创新理论的认识和把握，善于运用党的创新理论研究新情况、解决新问题、总结新经验、探索新规律，扑下身子干实事、谋实招、求实效，使调查研究工作同中心工作和决策需要紧密结合起来，更好为科学决策服务，为提高党的执政能力和领导水平服务，为完成新时代新征程的使命任务服务。

在全党大兴调查研究，必须坚持党的群众路线，从群众中来、到群众中去，增进同人民群众的感情，真诚倾听群众呼声、真实反映群众愿望、真情关心群众疾苦，自觉向群众学习、向实践学习，从人民的创造性实践中获得正确认识，把党的正确主张变为群众的自觉行动。必须坚持实事求是，坚守党性原则，一切从实际出发，理论联系实际，听真话、察实情，坚持真理、修正错误，有一是一、有二是二，既报喜又报忧，不唯书、不唯上、只唯实。必须坚持问题导向，增强问题意识，敢于正视问题、善于发现问题，以解决问题为根本目的，真正把情况摸清、把问题找准、把对策提实，不断提出真正解决问题的新思路新办法。必须坚持攻坚克难，发扬斗争精神，增强斗争本领，勇于涉险滩、破难题，知难而进、迎难而上，把调查研究成果转化为推进工作、战胜困难的实际成效。必须坚持系统观念，深入实际、深入基层、深入群众调查了解情况，把握好全局和局部、当前和长远、宏观和微观、主要矛盾和次要矛盾、特殊和一般的关系，前瞻性思考、全局性谋划、整体性推进党和国家各项事业。

# 三、调研内容

在全党大兴调查研究，要紧紧围绕全面贯彻落实党的二十大精神、推动高质量发展，直奔问题去，实行问题大梳理、难题大排查，着力打通贯彻执行中的堵点淤点难点。各级党委（党组）要立足职能职责，围绕做好事关全局的战略性调研、破解复杂难题的对策性调研、新时代新情况的前瞻性调研、重大工作项目的跟踪性调研、典型案例的解剖式调研、推动落实的督查式调研，突出重点、直击要害，结合实际确定调研内容。主要是12个方面。

1.贯彻落实党中央决策部署和习近平总书记对本地区本部门本领域工作重要指示批示精神的主要情况和重点问题。

2. 贯彻新发展理念、构建新发展格局、推动高质量发展中的重大问题，推进高水平科技自立自强，扩大国内需求、深化供给侧结构性改革、建设现代化产业体系、落实"两个毫不动摇"、吸引和利用外资，全面推进乡村振兴中的主要情况和重点问题。

3. 统筹发展和安全，确保粮食、能源、产业链供应链、生产、食品药品、公共卫生等安全，防范化解重大经济金融风险中的主要情况和重点问题。

4. 全面深化改革开放中的重大问题，重要领域和关键环节改革、推进高水平对外开放中的主要情况和重点问题。

5. 全面依法治国中的重大问题，完善中国特色社会主义法律体系、推进依法行政、严格公正司法、建设法治社会等主要情况和重点问题。

6. 意识形态领域面临的挑战，推进文化自信自强、建设社会主义文化强国和新闻舆论引导、网络综合治理中的主要情况和重点问题。

7. 推进共同富裕、增进民生福祉中的重大问题，巩固拓展脱贫攻坚成果、缩小城乡区域发展差距和收入分配差距的主要情况和重点问题。

8. 人民最关心最直接最现实的利益问题，特别是就业、教育、医疗、托育、养老、住房等群众急难愁盼的具体问题。

9. 牢固树立和践行绿水青山就是金山银山理念方面的差距和不足，推进美丽中国建设、保护生态环境和维护生态安全中的主要情况和重点问题。

10. 维护社会稳定中的重大问题，防灾减灾救灾和重大突发公共事件处置保障短板，处理新形势下人民内部矛盾和强化社会治安整体防控的主要情况和重点问题。

11. 全面从严治党中的重大问题，落实党的领导弱化虚化淡化、党组织政治功能和组织功能不够强，干事创业精气神不足、不担当不作为，应对"黑天鹅"、"灰犀牛"事件和防范化解风险能力不强，形式主义、官僚主义，特权思想和特权行为等重点问题。

12. 本地区本部门本单位长期未解决的老大难问题。

## 四、方法步骤

在全党大兴调查研究，分为 6 个步骤。

（一）提高认识。各级党委（党组）要通过理论学习中心组学习、读书班等，组织党员、干部深入学习领会习近平总书记关于调查研究的重要论述，学习习近平总书记关于本地区本部门本领域的重要讲话和重要指示批示精神，继承和发扬老一辈革命家深入基层调查研究的优良作风，增强做好调查研究的思想自觉、政治自觉、行动自觉。

（二）制定方案。各级党委（党组）要围绕调研内容，结合本地区本部门本单位实际，广泛听取各方面意见，研究制定调查研究的具体方案，明确调研的项目课题、方式方法和工作要求等，统筹安排、合理确定调研的时间、地点、人员。党委（党组）主要负责同志要亲自主持制定方案。

（三）开展调研。县处级以上领导班子成员每人牵头 1 个课题开展调研，同时，针对相关领域或工作中最突出的难点问题进行专项调研。要坚持因地制宜，综合运用座谈访谈、随机走访、问卷调查、专家调查、抽样调查、统计分析等方式，充分运用互联网、大数据等现代信息技术开展调查研究，提高科学性和实效性。要深入农村、社区、企业、医院、学校、新经济组织、新社会组织等基层单位，掌握实情、把脉问诊，问计于群众、问计于实践。要转换角色、走进群众，了解群众的烦心事操心事揪心事，发现和查找工作中的差距不足。要结合典型案例，分析问题、剖析原因，举一反三采取改进措施。要加强督查调研，检查工作是否真正落实、问题是否真正解决。

（四）深化研究。全面梳理汇总调研情况，运用习近平新时代中国特色社会主义思想的世界观、方法论和贯穿其中的立场观点方法，进行深入分析、充分论证和科学决策。特别是对那些具有普遍性和制度性的问题、涉及改革发展稳定的深层次关键性问题，以及难题积案和顽瘴痼疾等，要研究透彻、找准根源和症结。在此基础上，领导班子交流调研情况，研究对策措施，形成解决问题、促进工作的思路办法和政策举措，确保每个问题都有务实管用的破解之策。

（五）解决问题。对调研中反映和发现的问题，逐一梳理形成问题清单、责任清单、任务清单，逐一列出解决措施、责任单位、责任人和完成时限。对短期能够解决的，立行立改、马上就办。对一时难以解决、需要持续推进的，明确目标，紧盯不放，一抓到底，做到问题不解决不松劲、解决不彻底不放手。

（六）督查回访。各级党委（党组）要建立调研成果转化运用清单，加强对调研课题完成情况、问题解决情况的督查督办和跟踪问效；领导干部要定期对调研对象和解决问题等事项进行回访，注意发现和解决新的问题。

# 五、工作要求

（一）加强组织领导。各级党委（党组）要高度重视调查研究工作，作出专门部署，科学精准做好方案设计、过程实施、监督问效等各个环节工作。党委（党组）主要负责同志负总责，抓好本地区本部门本单位调查研究的推进落实；班子其他成员各负其责，抓好分管领域和分管单位的调查研究工作。领导干部要带头开展调查研究，改进调研方法，以上率下、作出示范。

（二）严明工作纪律。调查研究要严格执行中央八项规定及其实施细则精神，轻车简从，厉行节约，不搞层层陪同。要采取"四不两直"方式，多到困难多、群众意见集中、工作打不开局面的地方和单位开展调研，防止嫌贫爱富式调研。要加强调研统筹，避免扎堆调研、多头调研、重复调研，不增加基层负担。要力戒形式主义、官僚主义，不搞作秀式、盆景式和蜻蜓点水式调研，防止走过场、不深入。要在调查的基础上深化研究，防止调查多研究少、情况多分析少，提出的对策建议不解决实际问题。对违反作风建设要求和廉洁自律规定的，要依规依纪严肃问责。

（三）坚持统筹推进。对表现在基层、根子在上面的问题，对涉及多个地区或部门单位的问题，上下协同、整体推动解决。统筹当前和长远，发现总结调查研究的有效做法和成功经验，完善调查研究的长效机制，使调查研究成为党员、干部的经常性工作，在全党蔚然成风、产生实效。

（四）加大宣传力度。充分利用党报、党刊、电视台、广播电台、网络传播平台等，采取多种多样的宣传形式和手段，大力宣传大兴调查研究的重要意义和各地区各部门各单位大兴调查研究的具体举措、实际成效，凝聚起大兴调查研究的共识和力量，营造浓厚氛围。

（《人民日报》2023 年 3 月 20 日）

责任编辑：曹　春

封面设计：汪　莹

## 图书在版编目（CIP）数据

调查研究八讲 ／ 李清泉著 . -- 北京 ： 人民出版社，
2025. 1（2025. 7 重印）. -- ISBN 978 - 7 - 01 - 026958 - 0

Ⅰ. C31

中国国家版本馆 CIP 数据核字第 2024F35L32 号

**调查研究八讲**

DIAOCHA YANJIU BA JIANG

李清泉　著

人民出版社 出版发行

（100706　北京市东城区隆福寺街 99 号）

北京汇林印务有限公司印刷　新华书店经销

2025 年 1 月第 1 版　2025 年 7 月北京第 2 次印刷

开本：710 毫米 ×1000 毫米 1/16　印张：13.75

字数：180 千字

ISBN 978 - 7 - 01 - 026958 - 0　定价：68.00 元

邮购地址 100706　北京市东城区隆福寺街 99 号

人民东方图书销售中心　电话（010）65250042　65289539